Inhalt

Die Herausgeber 6
Vorwort 8
Die Jahreszeiten-Küche:
  Gesünder und gerechter 10
Wie benütze ich dieses Kochbuch? 17

Jahreszeiten-Rezepte
  Frühling 23
  Sommer 41
  Herbst 113
  Winter 147

Rezeptverzeichnis 195
Gemüseverzeichnis 199
Literaturverzeichnis 200

Die Herausgeber

Gesund, gerecht, solidarisch: diese Grundsätze sind nicht nur beim Essen wichtig. Die Erklärung von Bern verfolgt sie auch in anderen Bereichen. Als parteipolitisch unabhängige Organisation leistet sie Informations- und Öffentlichkeitsarbeit über die Beziehungen zwischen der Schweiz und der Dritten Welt.

1988 feiert die Erklärung von Bern ihr 20jähriges Bestehen. Kein Grund zum Ausruhen allerdings, denn die Gegensätze zwischen Reich und Arm haben sich in dieser Zeit noch verschärft. Und mehr denn je hat Gültigkeit, was die ursprüngliche »Erklärung von Bern« forderte: Eine solidarische Entwicklung muß hier beginnen, sie verlangt ein Umdenken bei uns. Hier in der Schweiz wollen wir die Strukturen und Meinungen verändern, die in der Dritten Welt für Hunger und Ungerechtigkeit mitverantwortlich sind. Deshalb untersucht die Erklärung von Bern Zusammenhänge, beleuchtet Mißstände und zeigt mögliche Alternativen auf.

Hier einige unserer wichtigsten Anliegen:

Gut essen heißt gerecht essen. Neben der Ausarbeitung des vorliegenden Kochbuchs unternehmen wir auch andere Aktivitäten im Bereich Ernährung, zum Beispiel Kochkurse mit entwicklungspolitischen Informationen, Veranstaltungen zum Welternährungstag (16. Oktober).

Solidarisch handeln – auch in Politik und Wirtschaft. Wir setzen uns für gerechtere Wirtschaftsstrukturen ein und kritisieren unethische Geschäftsgebaren.

Gegen Rassismus und für echte Kulturbegegnung. Wir fördern empfehlenswerte Kinder- und Jugendbücher über die Dritte Welt und versuchen, Literatur aus Afrika, Asien und Lateinamerika einem breiteren Publikum zugänglich zu machen.

Sie können unsere Arbeit unterstützen, indem Sie unseren Rundbrief abonnieren (erscheint 5× jährlich jeweils mit einer 12seitigen Dokumentation zu einem aktuellen entwicklungspolitischen Thema: Fr. 20.–) oder Mitglied werden (mind. Fr. 30.– inkl. Rundbriefabonnement). Kontaktieren Sie unser Sekretariat, oder schicken Sie uns die beiliegende Karte.
Erklärung von Bern, Quellenstr. 25, 8005 Zürich, Tel. 01/42 64 34

Es kommt weniger darauf an, mehr zu geben, als weniger zu nehmen.

Erklärung von Bern
Aktion Gesünder essen

Die Jahreszeiten-Küche

Gemüse

Rezepte und Texte
von Susanna Krebs und Hildegard Loretan
Mit Aquarellen von Alfred Göldi

Unionsverlag
Zürich

© by Unionsverlag 1987
Zollikerstrasse 138
CH-8034 Zürich, 01/55 72 82
Alle Rechte, insbesondere das Recht der Vervielfältigung und Verbreitung, vorbehalten. Kein Titel des Werkes darf in irgendeiner Form (durch Fotokopie, Mikrofilm oder ein anderes Verfahren) ohne schriftliche Genehmigung des Verlages reproduziert oder unter Verwendung elektronischer Systeme verarbeitet, vervielfältigt oder verbreitet werden.
Gestaltung:
Heinz Unternährer, Zürich
Aquarelle:
Alfred Göldi, Herrenschwanden
Gesamtherstellung:
Wilhelm Röck, Weinsberg
ISBN: 3-293-00129-7

»Konservierungsmittel, Antioxidantien und vieles mehr sind unerläßlich, weil sonst das Essen bei der heutigen zentralen Herstellung und Verbreitung zu gefährlich würde.« – Ja, wenn wir von Fertig-Salatsaucen und ähnlichem abhängig sind, müssen wir diesem Grundsatz der Lebensmittel-Hersteller zustimmen. Ebenso akzeptieren wir stillschweigend Dünger und Pestizidspritzen, wenn wir auf äußerlich makellosen großen Gemüsen bestehen. Es liegt an uns, eine gesündere Alternative zu wählen und zu fördern.

Die Aktion Gesünder essen (AGE) will diese Zusammenhänge klarmachen, aber nicht in allgemeinen Informationen steckenbleiben. Sie zeigt, was wir im Alltag für eine gesündere Ernährung tun können. Unsere täglichen kleinen Schritte sind die Voraussetzung, daß sich eine umweltgerechte Landwirtschaft durchsetzen kann und die Lebensmittel-»Veredler« auf ihren Fertigprodukten sitzenbleiben.

Entsprechend dem Motto »Bauern und Konsumenten für eine gesunde Landwirtschaft« vermittelt die AGE zwischen umweltbewußten Produzenten und Konsumenten. Sie veröffentlicht zu diesem Zweck viermal im Jahr ein Bulletin (für 20.– Fr.), das neben Informationen auch Anregungen zum Selbermachen in Haus und Garten enthält und als besondere Leseraktion jedesmal ein neues umweltgerechtes Produkt anbietet. Außerdem hält die AGE zahlreiche Listen bereit (für Abonnenten gratis): unter anderem Adressen von schweizerischen Bio-Produzenten, -Läden und -Restaurants.

Die Aktion Gesünder essen engagiert sich ferner in der Weiterbildung von Hauswirtschaftslehrerinnen, Ernährungsberaterinnen oder Menschen, die einen Öko-Laden führen wollen.

Als »Tochterfirma« des World Wildlife Fund (WWF) nimmt die AGE zusammen mit dem WWF regelmäßig zu landwirtschaftspolitischen Entscheiden Stellung. Denn wo die politischen Weichen gestellt werden, dürfen Umweltorganisationen nicht abseits stehen.

Für ein Abonnement des AGE-Bulletins oder andere Anfragen senden Sie uns die beiliegende Karte, oder wenden Sie sich direkt an: AGE, Postfach, 8037 Zürich, Tel. 01/42 33 66 oder 01/44 20 44.

Vorwort

Liebe Leserin, lieber Leser,

die Gemüseabteilungen der Supermärkte sind voll wie niemals zuvor. Sie leuchten – ob Sommer oder Winter – in allen Farben. Irgendwo auf der Welt ist immer Erntezeit. Der Einkauf um die Ecke ist zum Einkauf auf dem Weltmarkt geworden.

Ob der immer gleichbleibenden Fülle ist fast in Vergessenheit geraten, daß Gemüse etwas mit Jahreszeiten zu tun haben. Wer keinen eigenen Garten hat, weiß kaum mehr, wann was wie und wo wächst. Da sich aber immer mehr Konsumentinnen und Konsumenten aus gesundheitlichen, umwelt- und entwicklungspolitischen Überlegungen jahreszeitengerecht ernähren möchten, haben wir das vorliegende Kochbuch zusammengestellt. Als Leitfaden durch das zum Teil wenig bekannte einheimische Angebot haben wir es nicht nur mit vielen Rezepten, sondern auch mit einer Fülle von Informationen, geschichtlichen Hintergründen, wirtschaftlichen Zusammenhängen und Anregungen im Umgang mit Gemüse versehen.

Mit dem Jahreszeiten-Kochbuch haben wir uns ein hohes, aber naheliegendes Ziel gesteckt, nämlich den Gemüsen aus Nachbars Garten zu mehr Popularität zu verhelfen. Wer sich aus dem inländischen Angebot versorgt, braucht um Abwechslung nicht zu bangen. Rund 50 verschiedene Gemüsesorten haben wir gezählt und jeder einzelnen ein Kapitel dieses Buches gewidmet. Das gilt für die Bestseller Tomate und Karotte ebenso wie für unbekanntere Gemüse, die erst seit kurzem in unseren Breitengraden angebaut werden, wie etwa Catalogna oder Kardy. Unsere Aufmerksamkeit verdienen auch althergebrachte Gemüse, die im Laufe der Zeit von anderen – ertragreicheren oder leichter maschinell zu erntenden – Sorten verdrängt wurden, aber heute wieder vermehrt gefragt sind. Ein Beispiel dafür ist die Topinambur.

Nicht berücksichtigt haben wir jene Salatgemüse, die nicht in gekochter Form gegessen werden. Sie sollen in einem weiteren Band der »Jahreszeitenküche« zum Zuge kommen.

Mit den einfachen, aber nicht alltäglichen Rezepten, die im Buch aufgeführt sind, möchten wir Sie dazu anregen, bei der Menüplanung – im Alltag wie auch bei besonderen Gelegenheiten – vermehrt Gemüse in den Mittelpunkt zu stellen. Ausgehend von einem der Jahreszeit entsprechenden Gemüsegericht, lassen sich immer wieder neue Mahlzeiten kreieren.

Ein Wort noch an unsere Leserinnen und Leser in der Bundesrepublik. Wie alles gute Gemüse wachsen auch die Rezepte auf heimischem Boden. Leser aus anderen Regionen mit anderen Gemüsenamen finden Rat im Gemüseverzeichnis (S. 199). Ob mit »Möhren« oder »Rüebli«, wir wünschen Ihnen viel Vergnügen und einen guten Appetit.

Allen, die uns bei der Fertigstellung des Kochbuchs mit Rat und Tat zur Seite gestanden sind, möchten wir an dieser Stelle ganz herzlich danken, insbesondere Frau Susanne Hürzeler, die mit viel Geduld und großem Zeitaufwand die Rezepte ins reine getippt hat.

Susanna Krebs
Hildegard Loretan

Die Jahreszeiten-Küche:
Gesünder und gerechter

»... warum wir im physiologischen Sinne uns ernähren müssen und warum wir essen, ist nicht der gleiche Grund...«
Walter Benjamin

Essen ist mehr als Satt-Werden, mehr als bloße Brennstoffzufuhr für den Körper. Essen ist Leben, ist Kultur. Essen schafft soziale Ereignisse, und soziale Ereignisse schaffen Essen. Kaum ein Volk gibt es auf dieser Welt, das nicht Geburten, Hochzeiten, Feiertage und wichtige Vorkommnisse des gesellschaftlichen Lebens mit üppigen Festmahlen zelebriert, um dann, wenn die letzten Geladenen nach Hause gegangen sind, zum Alltag zurückzukehren und wiederum haushälterischen Umgang zu pflegen mit den oftmals eher knapp bemessenen Nahrungsmitteln. Nicht so bei uns: Hier sind die Grenzen zwischen Fest und Alltag verwischt. Wir haben von allem im Überfluß stets zur Hand. Der Traum vom Schlaraffenland ist Realität geworden. Oder vielleicht schon Alptraum?

»Gebratene Tauben« noch und noch sind auf Dauer unbekömmlich. Das zeigen die regelmäßig erscheinenden Berichte zur Ernährungslage der Bevölkerung: zu viel, zu fett, zu salzig, zu süß, zu wenig Ballaststoffe. Diese über die Jahre gleichbleibenden Aussagen der Ernährungsfachleute gelten für Millionen von Menschen in den Industrieländern, die an ernährungsbedingten Krankheiten leiden. Krank sind auch viele Menschen in der Dritten Welt. In Afrika, Asien oder Lateinamerika verhungern täglich Tausende – darunter viele Kinder –, weil es ihnen am Notwendigsten mangelt. Fehl- und Unterernährung verursachen bleibende Schäden bei Millionen. Daß zwei Drittel aller Menschen hungern, ist angesichts der weltweit produzierten Überschüsse ein Skandal, der sich nicht mittels der geographischen Lage oder der besonderen klimatischen Verhältnisse der Länder der Dritten Welt erklären läßt. Hunger hat nicht nur mit Mangel zu tun, sondern vor allem mit Macht, mit Politik und Ungerechtigkeit. Die Nahrungsmittel sind ungleich verteilt, lokal, regional und international.

Während viele Menschen in der Dritten Welt nicht wissen, womit sie sich und ihre Familien ernähren sollen, suchen die Menschen in Europa und Nordamerika nach Anleitungen, wie sie trotz Überangebot weniger essen können. Wer hat hierzulande nicht schon eine Diät versucht? Rund fünfhundert Varianten stehen Abnehmewilligen zur Auswahl. Da aber die meisten nach kürzester Zeit ihr Ausgangsgewicht wieder erreichen, ist mit dem Kalorienzählen weder dem einzelnen gedient, noch hat dank solchem Verzicht irgendein Mensch auf der weiten Welt mehr zu essen bekommen.

Ideen statt Diäten

Bewußtes Einkaufen und Konsumieren ist nötig, wenn es darum geht, das Wohlbefinden der einzelnen zu steigern, ohne dabei die Welternährungslage ganz aus den Augen zu verlieren. Ideen statt Diäten sind gefragt, wenn sogar ein Beitrag zu deren Verbesserung oder zur Erhaltung der Umwelt geleistet werden soll.

Gesund essen ist eine ausgezeichnete Alternative und bedeutet zunächst einmal *weniger Fleisch* essen.

Unser Fleischkonsum belastet die Umwelt, trägt zur Verschärfung der Notlage der Menschen in der Dritten Welt bei und ist der Gesundheit wenig förderlich.

- 80 Kilo Fleisch pro Jahr und Kopf – soviel verzehrt die schweizerische und deutsche Bevölkerung im Durchschnitt – können nicht auf grünen Weiden produziert werden. Dazu braucht es industrialisierte Mastbetriebe. Schweine, Kälber und Rinder sind in Ställe eingepfercht, die klimatisiert, beleuchtet und belüftet werden müssen und sehr viel Energie verbrauchen. Da viele solcher Großställe mit zuwenig eigener Bodenfläche betrieben werden, belasten sie die Umwelt noch auf eine weitere Art. Durch die Massentierhaltung fallen große Mengen an Jauche an, welche beim Ausbringen auf zu kleinen Bodenflächen zu Überdüngung und Gewässerverschmutzung führen.

- Die industrielle Massentierhaltung in Europa wäre ohne Importe von eiweißhaltigen Futtermitteln aus der Dritten Welt nicht denkbar. Auf dem Boden, auf dem in Lateinamerika Maniok oder Soja für die Futtertröge unserer Tiere wächst, könnten Grundnahrungsmittel für die Bevölkerung angebaut werden. Wenn die pflanzlichen Nahrungsmittel dort direkt verzehrt und nicht zur Herstellung unserer Koteletts verbraucht würden, wäre genug Nahrung für alle da.

- Fleisch ist den mitteleuropäischen Konsumenten und Konsumentinnen nicht Wurst. Ihnen steht der Sinn nach besseren Stücken. Die große Nachfrage nach Filets kann trotz der inländischen Überschußproduktionen nicht befriedigt werden. Filetstücke müssen importiert werden, oft kommen sie aus Ländern der Dritten Welt. Dort werden, um Platz zu schaffen für die Viehherden der Großgrundbesitzer, riesige Waldstücke gerodet und damit der Erosion preisgegeben. Viele Pächter und Kleinbauern werden von ihren Höfen vertrieben, da die Böden als Viehweiden genutzt werden. Viele Landarbeiter verlieren ihr Auskommen, weil für die Beaufsichtigung der Herden bedeutend weniger Arbeitskräfte nötig sind als für die Pflege und Bebauung der Äcker.

Den extensiv geweideten »Entrecote-Kühen« ist kein Kraut gewachsen. Nach zwei bis fünf Jahren Viehzucht ist in exponierten Lagen die dünne Vegetationsdecke zerstört. Das Land verödet: Weitere kleinbäuerlich genutzte Parzellen werden beschlagnahmt, weitere Urwälder kahlgeschlagen.

»Mehr Direktverzehr von pflanzlichen Nahrungskalorien«, mehr Gemüse, ist, was Ernährungsberater und -beraterinnen den Menschen in den Industrieländern um ihrer Gesundheit willen dringlichst empfehlen. Mindestens ein Viertel der täglich verzehrten Nahrungsmenge sollte, so sagen die Fachleute, aus frischem Obst und Gemüse bestehen. Nach oben sind keine Grenzen gesetzt: Wer sich in der Hauptsache von Frischprodukten – in rohem und/oder gekochtem Zustand – ernährt, lebt spürbar gesünder. Untersuchungen haben gezeigt, daß Menschen, die vorwiegend vegetarisch leben, niedrigere Cholesterin- und Blutdruckwerte aufweisen, seltener an Gicht, Gallensteinen, Nierenfunktionsstörungen und Erkrankungen des Dickdarms leiden und überdies kaum übergewichtig sind.

Wer befürchtet, daß gesundes Essen mit Langeweile und Kargheit einhergeht, den kann die Vielfalt der in diesem Buch aufgeführten Gemüserezepte vom Gegenteil überzeugen. – Wer das Buch zur Hand nimmt, wird aber auch feststellen, daß es mit der Forderung »Mehr Gemüse statt Fleisch« allein nicht getan ist.

Gesund essen sollte nämlich nicht nur heißen, frische Nahrungsmittel zu sich zu nehmen, sondern sich auch mit den Bedingungen auseinanderzusetzen, unter denen diese angebaut werden.

Es gibt unter den Gemüsen solche, die das Prädikat »gesund« vorbehaltlos verdienen. An ihnen gibt es auch in bezug auf umwelt- und entwicklungspolitische Überlegungen kaum etwas auszusetzen. Hierher gehören die einheimischen, die jahreszeitengerecht und insbesondere die biologisch angebauten Gemüse. Es gibt andere, bei denen zumindest ein paar Fragezeichen gesetzt werden müssen.

Zum Beispiel: Gemüse aus den Gewächshäusern

Berichte über »Nitrat im Salat« haben Konsumenten und Konsumentinnen aufgeschreckt und viele das knackige Grün vom winterlichen Speisezettel streichen lassen. Diese Reaktion ist nicht nur der Gesundheit förderlich: Jeder Kopfsalat, der im Winter nicht gegessen beziehungsweise nicht produziert wird, spart einen Liter Erdöl.

Doch der Kopfsalat ist nur ein Beispiel dafür, daß die Böden der Gewächshäuser wohl äußerlich schöne, aber qualitativ nicht besonders hochstehende Nahrungsmittel hervorbringen.

In vielen Gewächshäusern wird bereits bodenlos angebaut. Statt in Erde wurzelt Gemüse in Grodan, einer plastikverpackten, sterilen Glaswolle. Nährstoffe, die über einen Düngercomputer jeder Pflanze einzeln zugeführt werden, Grodan und Heizenergie: das sind die Stoffe, aus denen ein großer Teil der Tomaten, Gurken und Paprikafrüchte sind, die wir zwischen Oktober und Mai in unsere Einkaufstaschen packen. Ihre Aussaat und Ernte hängen nicht länger von der Sonne, sondern von der Marktsituation und vom aktuellen Ölpreis ab.

Man sieht den Produkten ihre Herkunft nicht an. Erdlos produzierte Ware ist nicht als solche deklariert.

Daß Gemüse ohne Erde produziert wird, hat seinen Grund darin, daß die Erde nichts mehr hergibt. Der Anbau von Ganzjahresmonokulturen über lange Zeiträume hinweg, ohne Pause und ohne Fruchtwechsel, hat die Böden in den Treibhäusern ausgelaugt. Die Erträge wurden immer kleiner. Grodan läßt sie wieder wachsen. Grodan, die Patentlösung für die Zukunft? Ökologisch ist sie nicht: Nicht nur das Betreiben der Gewächshäuser verbraucht sehr viel Energie, sondern bereits die Produktion von Grodan. Ausgangsmaterial für Grodan ist vulkanisches Grüngestein, das mit aufwendigen Verfahren auf 1600 Grad erhitzt, verflüssigt, geschleudert, verhärtet und in Platten gepreßt wird. Überdies ist noch nicht geklärt, wo Grodan, das nach ein- bis zweimaligem Gebrauch ausgewechselt werden muß, deponiert werden soll. Wenn die mit Nährsalzen angereicherte Steinwolle unsachgemäß beseitigt wird, droht eine zusätzliche Grundwasserverschmutzung durch die Auswaschung der Düngemittel.

Ist der Umstand, daß wir das ganze Jahr über Tomaten, Gurken und Auberginen essen können, diese unnatürliche Produktionsweise wert, die allen Bemühungen um naturnahe Anbaumethoden zuwiderläuft, die Umwelt über die Maßen strapaziert, die Käufer und Käuferinnen mit fader Frische lockt?

Zum Beispiel: Gemüse aus der Dritten Welt

Immer häufiger wird, um ein ganzjähriges Angebot an Feingemüse sicherzustellen, der »Sommer« in der Dritten Welt gekauft. Mengenmäßig fallen diese Gemüseimporte bisher zwar kaum ins Gewicht, problematisch sind sie trotzdem. Das äußerst energieaufwendige Unternehmen – die langen Transportwege lassen sich nur per Flugzeug in nützlicher Frist bewältigen – ist ein Luxus für uns und vergrößert die Armut und Abhängigkeit von anderen.

Nehmen wir als Beispiel die grünen Bohnen aus Burkina Faso, dem ehemaligen Obervolta. Damit die Bauern dort überhaupt Bohnen pflanzen können, müssen sie sich verschulden. Saatgut, Düngemittel, Pestizide und eine Motorpumpe für die Bewässerung der Felder müssen gekauft werden.

Der Bohnenanbau ist arbeits- und zeitintensiv und heikel. Wenn die Motorpumpe plötzlich aussteigt und Ersatzteile nicht aufzutreiben sind oder wenn die Düngemittel und Pestizide, meist aus dem Ausland bezogen, nicht zur Zeit eintreffen, müssen Verzögerungen und damit Ernteeinbußen in Kauf genommen werden. Wenn die Lastwagen, die die geernteten Bohnen zu den Kühlhäusern transportieren, auf den schlecht ausgebauten Straßen eine Panne haben, hat das Einkommenseinbußen für die Bauern zur Folge ebenso wie verspätete Abfertigungen bei der Luftfracht. Geerntete Bohnen, die – und sei es nur wenige Stunden – der afrikanischen Sonne ausgesetzt sind, trocknen schnell und erfahren einen massiven Gewichts- und Wertverlust.

Vom Verkaufspreis der Bohnen in der Schweiz oder in der Bundesrepublik erhalten die Bauern rund 5 Prozent. Auf das Bargeld sind sie angewiesen. Sie müssen Steuern und Schulgeld für die Kinder bezahlen, Kleider und Geräte kaufen sowie jene Nahrungsmittel, die sie selbst nicht in genügenden Mengen anbauen können.

In der weitgehenden Selbstversorgung mit Grundnahrungsmitteln liegt der Grund dafür, daß die Bauern in Burkina Faso und in anderen Ländern der Dritten Welt den großen Aufwand für den kleinen Profit in Kauf nehmen. Sie leben nicht von dem Bohnengeld, sondern brauchen es für die notwendigen Extraausgaben. Müßten sie mit dem Erlös aus dem Bohnenverkauf ihren Unterhalt bestreiten, müßten die Erzeugerpreise bedeutend höher sein. Durch ihre Selbstversorgung subventionieren die Bauern folglich die Exportproduktion. Wegen der Exportproduktion reduzieren viele Bauern die Produktion von Überschüssen als Notvorrat, wie sie traditionell üblich war. Wenn nun die Ernte der Grundnahrungsmittel einmal mißrät, müssen Nahrungsmittel zugekauft werden. Das im Exportanbau erwirtschaftete Geld reicht jedoch nicht weit. Hunger ist die Folge. Unter diesen Bedingungen bedeutet exportorientierte Landwirtschaft für viele bäuerliche Familien in der Dritten Welt zunehmende Abhängigkeit und drohende Verarmung.

Ähnlich wie den Bauern ergeht es auch ganzen Ländern der Dritten Welt.

Der Staat Burkina Faso, der etwa ein Drittel des in Europa für die Bohnen realisierten Preises erhält, ist zum Aufbau und zur Entwicklung des Landes auf Geld angewiesen. Um überhaupt Devisen erwirtschaften zu können, forciert Burkina Faso den Anbau für den Export auf Kosten der Nahrungsmittelversorgung der nichtbäuerlichen Bevölkerung. Doch die Rechnung geht nicht auf: Nach Angaben der FAO (UNO-Unterorganisation für Ernährung und Landwirtschaft) mußten die Länder südlich der Sahara 1984 56% ihrer Einnahmen aus den Agrarexporten für die Getreideeinfuhr ausgeben (1974 waren es noch 29%). Weitere 33% ihrer Exporteinnahmen müssen diese Länder für die Verzinsung und Rückzahlung von Schulden aufwenden.

Fazit: Agrarexporte schaffen – im kleinen wie im großen – statt Entwicklung neue Abhängigkeiten. Die Probleme, die den Bauern und den Ländern in der Dritten Welt durch die Exportlandwirtschaft erwachsen, sind Folge von Kolonialismus und ungerechten Handelsbeziehungen und lassen sich nicht über den Einkaufskorb lösen. Was sollen wir nun als Konsumenten und Konsumentinnen mit den grünen Bohnen, die um die Weihnachtszeit in den Supermärkten angeboten werden, tun? Kaufen oder nicht kaufen? Die Frage ist nicht einfach mit Ja oder Nein zu beantworten. Wenn wir uns trotzdem eher gegen den Kauf dieser Bohnen und anderer unterbezahlter Agrarprodukte aus der Dritten Welt aussprechen, tun wir das in der Überzeugung, daß neben den großen wirtschaftlichen und politischen Veränderungen, die notwendig sind, damit diese Welt gerechter wird, auch kleine Schritte zählen.

Erst eine weitgehende Selbstversorgung bei uns schafft Voraussetzungen dafür, daß sich auch Menschen in der Dritten Welt besser selbst versorgen können.

Statt alles zu jeder Zeit – jedes zu seiner Zeit

Eine vermehrte Berücksichtigung des einheimischen Gemüseangebots könnte hierzulande vielen kleinen und mittleren Bauernbetrieben ein Überleben sichern. Für viele bäuerliche Familienbetriebe, die einen großen Teil ihres Einkommens durch den Ackerbau, die Milch- oder die Viehwirtschaft erarbeiten, stellt der Gemüseanbau einen wichtigen Zusatzverdienst dar. Der Gemüseanbau ermöglicht einen verhältnismäßig hohen Gewinn pro Flächeneinheit. Das zusätzliche Einkommen, das durch den Gemüseverkauf erzielt werden kann, erhöht die Rentabilität der kleinen Höfe im Vergleich zu den Großbetrieben. Mit der vermehrten Nachfrage nach einheimischen Gemüsen können wir also auch einen Beitrag gegen das Kleinbauernsterben leisten.

Daneben gibt es natürlich auch Produzenten, die ausschließlich vom Gemüseanbau leben. Auch ihnen machen die Importgemüse – handle es sich dabei nun um die sogenannten »Exoten« oder um »Off-season«-Gemüse – schwer zu schaffen (»off-season« heißt außerhalb der Jahreszeit). Solche Gemüse wachsen auch in unseren Breitengraden, doch werden sie in unseren südlichen Nachbarländern früher reif und dann zuhauf importiert. Wenn die einheimische Produktion dann endlich auf den Markt kommt, haben Käufer und Käuferinnen ihre Lust auf frische Gemüse im »Jet-fresh-Angebot« der Supermärkte längst gestillt. Um nicht immer hinter der ausländischen Konkurrenz herhinken zu müssen, setzen viele einheimische Produzenten ihre Gemüse unter Glas oder Plastik. In Treibhäusern können Tage eingespart, Wochen übersprungen, Jahreszeiten überhaupt negiert werden. Auch frische Gemüse aus inländischem Anbau kommen somit immer früher auf den Markt. Die Reaktion ist verständlich, besonders umweltfreundlich aber ist sie nicht.

Gesundes Essen ist nur in einer gesunden Umwelt möglich

Nur eine vermehrte Nachfrage nach Jahreszeitengemüse wird in Zukunft eine jahreszeitengerechte Produktion nach sich ziehen, und nur eine solche kann umweltfreundlich sein. Der Anbau ist in nächster Nähe der Verbraucher und Verbraucherinnen möglich, was weite Transportwege erspart. Die jahreszeitengerechte Produktion kommt ohne Treibhäuser aus und verbraucht wenig Energie. Sie baut auf die Sonne und weniger auf wachstumstreibende Düngemittel. Sie kommt – wie biologisch produzierende Bauern längst bewiesen haben – auch ohne jeglichen Einsatz von Chemikalien (Düngemittel, Pestizide) aus. (Wie biologische Produkte zu erkennen sind, darüber gibt die Tabelle Seite 194 Auskunft).

Wie benütze ich dieses Kochbuch?

Jedes Kapitel besteht aus drei Teilen:

In einem *Porträt* wird das Gemüse kurz vorgestellt (Herkunft, Eigenschaften, Wissenswertes...).

Der *Steckbrief* zeigt Besonderheiten zu den Stichworten *Erntezeit, Aufbewahren, Vorbereiten, Zubereiten, Passende Kräuter und Gewürze*, Verwertung von *Überschüssen*.

Die *Rezepte* (für 4 Personen berechnet) enthalten nach Möglichkeit ein Grundrezept, ein Rohkostrezept und ein Gericht, das eine vollständige Mahlzeit bilden kann.

Erntezeit

Für jedes Gemüse wird angegeben, wann es, frisch oder gelagert, seine Saison hat. Es handelt sich um Durchschnittswerte. Regionale und wetterbedingte Schwankungen können die Erntezeit um Tage, manchmal auch Wochen vorverlagern oder verzögern. Die Hinweise sind ein Gerüst, das jeder ausfüllen sollte durch eigene Beobachtungen auf dem Markt und im Laden, durch Gespräche mit Gemüseproduzenten und -produzentinnen, mit Verkäufern und Verkäuferinnen.

Aufbewahren

Gemüse sollte nach Möglichkeit »taufrisch« verzehrt werden, weil es fast stündlich an Nährwert und Farbe verliert. Da nur die wenigsten Menschen sich direkt aus dem Garten versorgen können, folgen unter diesem Stichwort Angaben über die Lagerfähigkeit und Tips zur Aufbewahrung. Allgemein läßt sich sagen, daß für Gemüse eine hohe Luftfeuchtigkeit (75–90% relative Luftfeuchtigkeit) ideal ist. Stauende Nässe hingegen läßt das Gemüse schimmeln. Der ideale Aufbewahrungsort ist ein feuchter Naturkeller – sofern man das Glück hat, einen solchen zur Verfügung zu haben. Was im Kühlschrank aufbewahrt wird, sollte durch Abdecken oder Einwickeln vor dem Austrocknen geschützt werden. Auf die Angaben, wie Lagergemüse eingelagert werden, haben wir verzichtet, da geeignete Literatur leicht greifbar ist (siehe Literaturliste).

Vorbereiten

Worauf muß beim Rüsten und Waschen des Gemüses geachtet werden? Um die Rezepte möglichst übersichtlich zu gestalten, haben wir hier alle diesbezüglichen Hinweise zusammengefaßt. Wußten Sie übrigens, daß Gemüse möglichst in unzerkleinertem Zustand gewaschen und nicht gewässert werden soll?

Sonst gehen die meisten wertvollen Vitamine und Mineralstoffe verloren.

Zubereiten

Hier werden die gebräuchlichsten und geeignetsten Zubereitungsarten für das jeweilige Gemüse beschrieben.

Von einigen Ausnahmen abgesehen – sie werden speziell erwähnt – lassen sich alle Gemüse auch *roh* essen. Oft sind sie in dieser Form aber etwas schwerer verdaulich. Falls dadurch mit unliebsamen Folgen zu rechnen ist, wird im Text darauf hingewiesen.

Rohkostgemüse sollte möglichst kurz vor dem Essen zubereitet und – einmal zerkleinert – sofort mit der Sauce gemischt werden. Falls ein Rohkostgericht Saft ziehen und Aroma entwickeln soll oder mariniert wird, sollte es in jedem Fall zugedeckt werden. Nur so kann vermieden werden, daß der Sauerstoff dem Gemüse wertvolle Mineralstoffe und Vitamine entzieht.

Die Gemüsegerichte werden entweder mit Öl oder mit Butter zubereitet. Wenn Butter in der letzten Zeit wegen des erhöhten Cholesteringehalts in der Ernährung in Verruf geraten ist, meinen wir, daß da das Kind mit dem Bade ausgeschüttet worden ist. Die erhöhten Cholesterinwerte sind weniger der Butter als vielmehr dem wachsenden Fleischkonsum anzulasten.

Wenn in den Rezepten Öl gebraucht wird, haben wir, von wenigen Ausnahmen abgesehen, auf eine genauere Sortenbezeichnung verzichtet. Ganz allgemein möchten wir Ihnen die Verwendung von möglichst naturbelassenen kaltgepreßten Ölen empfehlen. Sie weisen einen hohen Gehalt an mehrfach ungesättigten Fettsäuren auf. Diese kann der Körper nicht selber bilden, darum müssen sie zugeführt werden. Naturbelassene Öle sind bekömmlicher, gesünder und intensiver im Aroma als heißgepreßte Öle. Man erkennt sie an ihrer etwas kräftigeren Farbe (oft weisen sie eine leichte Trübung auf) und am höheren Preis. Naturbelassene Öle sind leider nicht ganz billig. Da aber, wer jahreszeitengerecht ißt, günstiger lebt, sollte diese zusätzliche Ausgabe nicht gescheut werden. Sie lohnt sich.

Öle (das gilt auch für Butter) sollten beim Kochen möglichst vorsichtig – nie bis zur Rauchentwicklung – erwärmt werden, weil sonst gesundheitsschädigende Umwandlungsstoffe entstehen können. Distelöl sollte nur kalt verwendet werden.

Dämpfen ist eine schonungsvolle Zubereitungsart für Gemüse. Ausnahmen gibt's auch hier: Fein geformte Gemüse wie Broccoli und Blumenkohl zerfallen dabei leicht und verlieren an Farbe. Federkohl, Chicorée und Lattich können beim Dämpfen ein so starkes Aroma entwickeln, daß das gargedämpfte Gericht allzu intensiv schmecken kann.

Zum Dämpfen empfiehlt sich eine Pfanne (Kochtopf) mit gut schließendem Deckel und möglichst dickem Boden.

- Öl oder Butter in die Pfanne geben. Butter zergehen lassen, nicht weiter erhitzen.
- Das vorbereitete Gemüse beigeben. Pfanne zudecken.
- Gemüse auf mittlerer Stufe erhitzen, bis es leicht zischt, dann auf kleine Stufe zurückstellen.
- Hin und wieder den Pfanneninhalt gründlich durchschütteln.
- Den Deckel möglichst nie entfernen. Wenn die Pfanne geschlossen bleibt, laufen wir nicht Gefahr, mit der Luft Sauerstoff ins Gemüse zu rühren und dadurch das wertvolle Vitamin C zu zerstören.
  Bei eher trockenen Gemüsen (z. B. Lagergemüse, das erst im späteren Frühling gekocht wird) muß unter Umständen etwas Flüssigkeit beigegeben werden.
- Würzen und auf kleiner Stufe zugedeckt fertigdämpfen.

Auf dem Markt werden immer wieder Pfannen angeboten, die ein schonungsvolles Dämpfen auch ohne Fett verheißen. Ein verkaufsförderndes Versprechen in unserer fitneß- und schlankheitsbewußten Welt. Wir möchten immerhin zu bedenken geben, daß es meist nicht so sehr das sichtbare Fett (Öl, Butter) ist – das wir bei der Gemüsezubereitung ohnehin sparsam verwenden –, das uns dick und träge macht. Diese unliebsamen Folgen von Essen gehen vielmehr auf die »versteckten« Fette zurück, die wir in Form von Fleisch, Würsten, Gebäck, Schokolade etc. zu uns nehmen.

Wer sich eine neue Pfanne anschaffen muß, tut gut daran, sich nach einer Doppelwandpfanne mit gut schließendem Deckel umzusehen. Das Kochen erfolgt schonungsvoller und verbraucht viel weniger Energie, da die Herdplatte nach einmaligem Aufkochen abgestellt werden kann.

Sieden im Dampf ist ebenfalls eine schonende, aromabildende, energiesparende und zudem fettfreie Zubereitungsart von Gemüse. Das Sieden im Dampf geht – auch ohne Druck – schneller als das Sieden im Wasser. Voraussetzungen dafür sind ein gut schließender Deckel und das lockere Einfüllen des

Kochguts. Beim Sieden im Dampf werden die Gemüse, da sie nicht im Wasser liegen, kaum ausgelaugt.

- Pfanne mit gut schließendem Deckel wählen.
- Siedegitter (in Haushaltsgeschäften erhältlich) in die Pfanne stellen.
- Pfanne bis an den Gitterboden mit Wasser auffüllen.
- Gemüse sorgfältig auf das Gitter legen, würzen, Deckel schließen.
- Auf großer Stufe erwärmen, zurückstellen und gar sieden lassen.

Sieden im Dampf ist bei uns hauptsächlich über den *Dampfdrucktopf* bekannt geworden. Im Dampfdrucktopf ist prinzipiell jede Garmethode möglich. Die Kochzeit wird durch die Erzeugung hohen Drucks erheblich verkürzt. Dem Geschmack der Speisen bekommt die Zeitersparnis allerdings nicht besonders: Während des schnelleren Kochvorgangs kann sich das Aroma der Kräuter und Gewürze weder voll entfalten noch richtig mit den Gemüsen verbinden. Resultat ist oft ein schnelles, aber wenig abgerundetes Gericht.

Die Zubereitung im Dampfdrucktopf spart, wie kürzlich Untersuchungen des Schweizerischen Instituts für Hauswirtschaft (SIH) gezeigt haben, bedeutend weniger Energie, als bisher angenommen wurde. Der Dampfdrucktopf sollte deshalb nur dann gebraucht werden, wenn es wirklich eilt oder wenn große Mengen oder Gerichte mit sehr langen Kochzeiten zubereitet werden. Dabei ist darauf zu achten, daß beim Elektroherd die Kochplatte rechtzeitig zurückgestellt oder abgestellt und so die Restwärme ausgenützt wird.

Sieden im Würzwasser ist eine Zubereitungsart, die sich vor allem für sperrige (Spargel), sich leicht verfärbende (Blumenkohl) und geschmacklich feine Gemüse eignet. Ebenfalls empfehlenswert – besonders für Leute mit empfindlicher Verdauung – ist das Sieden in Würzwasser für Gemüse, die blähende Wirkung haben: Durch das Sieden in Würzwasser wird ihnen einiges an »Luft« abgekocht.

Wasser allein ist für die meisten Gemüse kein empfehlenswerter Partner, da es ihnen beim Kochen wertvolle Nährstoffe entzieht. Mit Gewürzen angereichert bzw. mit Kräutern gesättigt, läßt das Wasser den Gemüsen hingegen ihren vollen Gehalt.

- Große Pfanne wählen, kaltes Wasser einfüllen.
- Je nach Gemüse die passenden geschmacksintensivierenden Kräuter beigeben (allenfalls zusammenbinden oder in ein Säckchen geben). Wasser zum Kochen bringen.
- Gemüse beigeben und auf kleiner Stufe leicht kochen lassen, bis es die gewünschte Konsistenz hat.
- Gemüse herausnehmen und abtropfen lassen.
- Das Würzwasser kann für Suppen, Saucen oder als Spaghetti- oder Getreidewasser weiterverwendet werden.

Passende Kräuter und Gewürze

Zu jedem Gemüse haben wir jene Kräuter zusammengestellt, die dessen Eigengeschmack hervorheben oder mit ihm zusammen ein rund abgeschmecktes Gemüsegericht ergeben. Kräuter sollten nach Möglichkeit frisch verwendet werden. Aromatischer als getrocknete Kräuter, die oft viel von ihrem Geschmack verlieren – das gilt insbesondere für Basilikum, Estragon, Petersilie und Schnittlauch –, schmecken *eingemachte Kräuter*. Die Zubereitung ist einfach:

- Frische Kräuter fein hacken. In einer Schüssel mit einem (volumenmäßig) zehnmal kleineren Teil Salz mischen.
- Die Kräuter-Salz-Mischung kompakt in kleine, saubere, heiß ausgespülte und trockengeriebene Schraubgläser – bis 2 cm unter den Rand – einfüllen.
- Gut pressen; das Kräuter-Salz-Gemisch darf keine Luft mehr enthalten. Glas mit Öl auffüllen. Schraubglas mit heiß ausgespültem Deckel verschließen.
- Die Mischung im Keller lagern. Wenn ein Glas angebrochen ist, muß es im Kühlschrank aufbewahrt werden.
- Gerichte, die mit so eingemachten Kräutern gewürzt werden, brauchen kein Salz mehr.

Verwertung von Überschüssen

Manchmal quillt der Kühlschrank über, oder der Garten liefert seine Gaben im Überfluß. Wenn alle Rezepte und Hinweise nicht genügen, um die Fülle zu bewältigen, lassen sich Gemüse auch haltbar machen. Die bekannteste Art der Konservierung ist heute sicher das Tiefkühlen. Wir möchten hier nicht näher auf diese unbestreitbar praktische, aber auch recht energieintensive Art der Haltbarmachung eingehen. Es mangelt ihr nicht an Popularität.

Unter dem Stichwort Verwertung weisen wir vor allem auf weniger verbreitete oder in Vergessenheit geratene Formen der Haltbarmachung hin, die sich für das jeweilige Gemüse besonders eignen und möglichst wenig Energie benötigen. Wie sich die Hinweise im einzelnen in die Realität umsetzen lassen, können Sie in jedem Schulkochbuch nachsehen (vgl. auch Literaturliste).

Die Rezepte, die in diesem Buch aufgeführt sind, haben wir alle ausprobiert. Die aufgeführten Mengen sind für 4 Personen berechnet. Bei den angegebenen Kochzeiten handelt es sich um ungefähre Richtzeiten. Genau lassen sich Kochzeiten für Gemüsegerichte nicht erfassen, da sie abhängig sind von der Art des Anbaus, von den Pflückzeiten (Kefen zum Beispiel, die frühmorgens gepflückt werden, sind schneller gar als solche, die erst am Abend aus dem Garten geholt werden) und von der Lagerungsart und -zeit.

Gemüsegerichte gewinnen an Aroma, wenn sie mit Kräutern gekocht werden. Salz wird in unseren Rezepten nur sparsam verwendet.

Da Kochen im Backofen sehr viel Energie verbraucht, können die meisten unserer Gerichte auf der Herdplatte zubereitet werden. Dennoch möchten wir auf Gratins und andere Köstlichkeiten aus dem Ofen nicht ganz verzichten. Bei der Zubereitung dieser Gerichte ist zu beachten, daß der Backofen nur vorgewärmt zu werden braucht, wenn das ausdrücklich in den Rezepten erwähnt ist oder wenn große Eile herrscht. Und wenn der Ofen erst einmal eingeheizt ist, läßt sich die Wärme auch für anderes nutzen, z. B. zum Kuchen- oder Waffelbacken, zum Kräutertrocknen oder um ganze Menüs zuzubereiten.

Frühling: 21. März bis 21. Juni

Lattich
Mairübe
Stielmus
Rhabarber
Spargel
Spinat

Lattich

Der wilde Lattich gilt als die Urform aller Salatpflanzen und stammt ursprünglich aus dem Kaukasus. Kultiviert haben ihn bereits die alten Ägypter. Ihnen galt er nicht nur als wichtiges Gemüse, sondern auch als Aphrodisiakum, das Männer verliebt und Frauen fruchtbar macht. Der Lattich war in Mittel- und Nordeuropa bereits im Mittelalter bekannt. Nördlich der Alpen wurden ihm allerdings eher beruhigende, schlaffördernde und die sexuellen Begierden dämpfende Eigenschaften zugeschrieben. So hat Hieronymus Bock (1498–1554) den Nonnen, Mönchen und Priestern »zur Vertreibung von Geilheit und schandbaren Träumen« das Essen von Lattich anempfohlen. »Alle, die so Keuschheit zu halten gelobt, sollten nichts denn Rauten und Lattichkräuter essen.«

Der Lattich aus der Familie der Korbblütler wird auch Römischer oder Romana-Salat, Koch- oder Bindesalat genannt. Bindesalat heißt er darum, weil einige Sorten des Lattichs durch Zusammenbinden der Blätter inwendig gebleicht wurden, um ein gelbes Herz zu erhalten. Die Bezeichnung Kochsalat weist auf die bei uns gebräuchlichste Verwendung des Lattichs als Kochgemüse hin. In südlichen Ländern wird Lattich nicht nur gekocht, sondern auch roh als Salat zubereitet.

Lattich enthält viel Vitamin A und C, etwas Eiweiß und Mineralstoffe. Seine Blätter enthalten weniger Bitterstoffe als die Blätter des Kopfsalats, sollen sich aber trotzdem wohltuend auf Leber, Gallenfluß und Blasentätigkeit auswirken. Der Blattsaft soll, äußerlich angewendet, Sonnenbrände lindern. Einer wilden Form des Lattichs werden zudem betäubende Eigenschaften nachgesagt. Aus ihrer Milch wird eine Art Opiumersatz hergestellt.

Erntezeit:	Juni bis Anfang September
Aufbewahren:	Sollte möglichst frisch verwendet werden. Läßt sich bei 0–5 °C, in Papier eingewickelt, 4–5 Tage aufbewahren.
Vorbereiten:	Die äußeren Blätter entfernen. Das kompakte Herz längs entzweischneiden und kurz spülen.
Zubereiten:	Roh, dämpfen, sieden im Dampf oder im Würzwasser.
Passende Kräuter und Gewürze:	Estragon, Majoran, Oregano, Schnittlauch
Hinweise:	Weitere Rezepte zur Zubereitung von Lattich finden sich bei verschiedenen Blattgemüsen wie Spinat, Neuseeländerspinat, Schnittmangold, Federkohl, Cima di rapa etc. Ausgezeichnet schmecken die Lattichherzen, wenn sie wie Chicorée zubereitet werden.

Lattich nach Großmutterart

100 g Speckwürfel	in Brattopf oder Chromstahlpfanne langsam erhitzen
2 Zwiebeln	in Ringe schneiden, zum Speck geben. Zwiebeln glasig, Speck goldbraun braten. Beides herausnehmen und warm stellen
10–20 g Butter	je nach Fettgehalt des Specks beigeben
1,5 kg Lattich	längs vierteln, locker aufrollen und in die Pfanne schichten
Liebstöckel, gehackt Knoblauch, gepreßt Salz	darüberstreuen
200 g Karotten	in dünne Scheiben schneiden und beigeben. Zugedeckt 10–15 Minuten köcheln lassen

Die Zwiebelringe und den Speck darauf verteilen, nochmals 5 Minuten schmoren lassen und direkt in der Pfanne auf den Tisch stellen. Mit Gschwellti, Petersilienkartoffeln oder geschrotetem, gedämpftem Dinkel servieren.

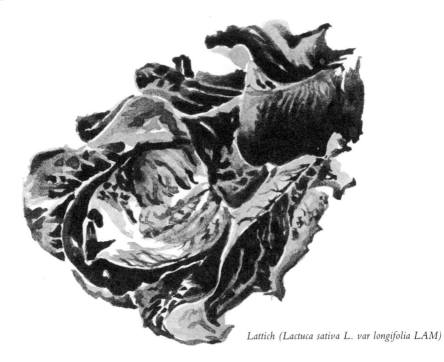

Lattich (*Lactuca sativa L. var longifolia LAM*)

Lattichsalat

4 Eßlöffel Essig	
Kräuter, gehackt	
Knoblauch, gepreßt	
Senf, Pfeffer, Salz	mit dem Schneebesen gut verrühren
4–5 Eßlöffel Sonnenblumenöl	nochmals gut rühren
1 Tasse gekochte Gerste*	beigeben, mischen
100 g Appenzeller Käse	würfeln, beigeben, mischen und 10–20 Minuten ziehen lassen
Lattichblätter	(gelbe und grüne) in Streifen schneiden, in Sauce geben, mischen
1 Ringelblumenblüte	Blütenblätter auszupfen und über den Salat streuen

* oder andere Reste von Getreide, Kartoffelwürfelreste oder 50 g gerösteter Buchweizen

Lattichwickel

8 große Lattichblätter	im Würzwasser 1× aufkochen lassen, Blätter auslegen, evtl. Rippen flach schneiden
4 große Kartoffeln, geschwellt	schälen und längs vierteln
100 g Gorgonzola	in 8 Stücke schneiden, Käsestücke zwischen 2 Kartoffelviertel klemmen und diese im Lattichblatt einwickeln. Die Wickel in ausgebutterte runde Form oder Bratpfanne legen und zugedeckt 20 Minuten schmoren lassen
1 dl Weißwein	falls die Wickel zu stark anbraten, mit Weißwein ablöschen. Ergibt, ergänzt mit Salat, eine Mahlzeit für 2 Personen

Mairübe/Speiserübe

Mairübe und Herbstrübe sind zwei Ausformungen der Speiserübe aus der Familie der Kreuzblütler. Die Speiserübe – eine uralte, weitverbreitete Kulturpflanze – war schon den Griechen und Römern bekannt. Diese und später die meisten Völker Europas haben der Speiserübe vorab in Kriegs- und Notzeiten kräftig zugesprochen.

Die Mairübe (weißschalig mit weißem Fruchtfleisch), in französischsprachigen Regionen *Navet*, in angelsächsischen *Turnip* genannt, schmeckt am besten, solange sie nicht größer ist als eine Kinderfaust. Die Mairübe hat einen hohen Gehalt an ätherischen Ölen, enthält aber wenig wasserlösliche Mineralstoffe und Vitamine. Sie ist unabdingbarer Bestandteil von Irish-Stew.

Das vor allem in Deutschland bekannte Teltower Rübchen ist eine kleinere Abart der Mairübe.

Stielmus, Rübstiel (Brassica, diverse Species)
Werden Speiserüben auf dem Feld sehr eng aufeinander ausgesät, bilden sich statt der Knollen, der Herbst- oder Mairüben, lange Blattstiele aus. Das in die Höhe schießende Blattgemüse, eine Kohlart, heißt dann Stielmus und wird vor allem im Badischen und in Holland kultiviert. In der Schweiz wird Stielmus, der neben Kalzium, Eisen und Karotin die Vitamine B und C aufweist, erst seit 1985 versuchsweise angebaut.

Mairübe

Erntezeit:	Mai bis Juni
Aufbewahren:	Bei 0–5°C bis eine Woche. Das Kraut kann, wenn es frisch ist, mitverwendet werden.
Vorbereiten:	Kraut gut spülen und Stengel etwas einkürzen. Junge, zarte Rüben kurz waschen und abbürsten, ältere Rüben schälen.
Zubereiten:	Kraut: dämpfen, sieden im Würzwasser. Rüben: roh, dämpfen, sieden im Dampf oder im Würzwasser.
Passende Kräuter und Gewürze:	Kerbel, Petersilie
Überschüsse:	Sterilisieren
Hinweise:	Weitere Verwendungsmöglichkeiten bei den Rezepten für Herbstrüben, Kohlrabi und Bodenkohlrabi.

Stielmus

Erntezeit:	Mai bis Juni
Aufbewahren:	Sollte möglichst frisch verwendet werden.
Vorbereiten:	Strunk wegschneiden, einzelne Stiele gut waschen.
Zubereiten:	Roh, dämpfen, sieden im Dampf.
Passende Kräuter und Gewürze:	Liebstöckel, Petersilie, Schnittlauch
Hinweise:	Mit Stielmus können auch die Spinat-, Neuseeländerspinat-, Schnittmangold- und Federkohlrezepte zubereitet werden.

Navet

(so werden Mairüben in Frankreich genannt)

1–2 dl Wasser Liebstöckel Selleriekraut Thymian	aufkochen
1 Lauch	in fingerlange Stücke schneiden
1 kleiner Wirz	achteln
4 Rüebli	vierteln und in fingerlange Stücke schneiden, die Gemüse in Wasser 15 Minuten kochen, Kräuter herausnehmen
5–7 Mairüben	vierteln, beigeben und das Ganze nochmals ca. 10 Minuten leise kochen. Dazu in Butter geschwenkte Salzkartoffeln und das separat gekochte Schaffleisch servieren

Häfeli Chabis

(in England Irish-Stew)

300 g Schaffleisch, gewürfelt Salz, Pfeffer	mischen
2 Zwiebeln 1 kleiner Wirz 4 Rüebli 5–7 Mairüben	in gleich große Stücke schneiden
2 Eßlöffel Öl	in Brattopf geben, Gemüse und Fleisch lagenweise schichten, dämpfen, ca. 30 Minuten
1 dl Weißwein	beigeben (evtl. schon während des Dämpfens)
500 g Kartoffeln	gewürfelt (3 cm groß) beigeben. Sorgfältig umrühren und weitere 20 Minuten leise kochen lassen
Mairübenkraut Liebstöckel Petersilie	feingehackt, kurz vor dem Anrichten unterrühren

Grüne Rüben

8 Mairüben	vierteln und im Dampf sieden (5–10 Minuten), auf Platte anrichten und mit *Spinatsauce* (S. 39) überziehen

Frühlingsrüben

8 Mairüben	vierteln und in Dampf sieden (5–10 Minuten)
200 g Vollmilchquark	glatt rühren
1 Zwiebel	mit feiner Raffel in Quark reiben
1 Teelöffel Senfsamen, gemahlen	beigeben
mit Salz, Pfeffer viel Petersilie, gehackt	würzen. Quark glatt rühren, evtl. etwas Essig oder Milch beigeben und über die noch warmen Rüben verteilen. Warm oder kalt servieren

Variante: Rüben in Streifen schneiden und in die Sauce dippen

Mairübe (Brassica rapa L. var. rapifera metzger)

Gemüsesuppe

Je ca. 100 g Stielmus
Rüebli, Lauch, Spinat — fein schneiden

20 g Butter
1 Zwiebel, gehackt — mit Gemüse 5–7 Minuten dämpfen

1¼ l Wasser — beigeben, aufkochen

Selleriekraut, gehackt
Salz und Pfeffer — würzen
15–20 Minuten kochen lassen, anrichten

Wer eine gebundene Suppe einer klaren vorzieht, soll mit dem Gemüse einen Eßlöffel Mehl mitdämpfen. Kann je nach Saison mit den verschiedensten Gemüsen zubereitet werden.

Stielmussalat

600 g Stielmus — in 1 cm breite Streifen schneiden

4 Eßlöffel Essig
viel Petersilie, gehackt
Thymian, gehackt
Senf, Salz — mit dem Schneebesen gut verrühren

2 Eßlöffel Sonnenblumenöl
4 Eßlöffel Vollmilchquark — beigeben, nochmals gut rühren, über das Stielmus geben und mischen

5–6 Radieschen — in dünne Scheiben schneiden und darüberstreuen

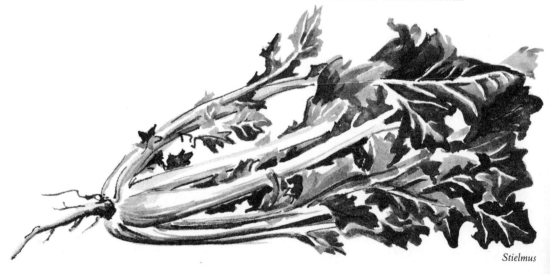

Stielmus

Rhabarber

Rhabarber findet seine erste Erwähnung als »große gelbe Wurzel« in einem chinesischen Kräuterbuch aus dem 27. Jahrhundert vor Christus. Die Rede war damals vom »medizinischen« Rhabarber. Dieser wurde von den Chinesen wegen seiner abführenden Wirkung geschätzt und sehr häufig angebaut. Die Rhabarberfelder erregten auch die Aufmerksamkeit Marco Polos. Er hat uns folgende Notiz hinterlassen: »Succuir (jetzt So-tschen) ist eine Stadt und Landschaft in der Provinz Tanguth, und auf all ihren Bergen befindet sich der vorzüglichste Rhabarber in der größten Menge, und die Kaufleute, die ihn hier laden, verfahren ihn durch die ganze Welt.«

Über den Versuch, die gesunde Staude für den Anbau in europäische Arzneigärten zu importieren, kam schließlich auch der Gemüse-Rhabarber nach Westen. Das Wort Rhabarber stammt vom lateinischen »radix barbarum«, was so viel wie »ausländische Wurzel« heißt.

Um die Mitte des 18. Jahrhunderts begann man in England, den Rhabarber zu kultivieren. 1760 soll er auf den Londoner Gemüsemärkten zum ersten Mal angeboten worden sein. Seinem Triumphzug über das europäische Festland stand nichts mehr im Weg.

Als Frühlingsbote war er bei unseren Groß- und Urgroßmüttern, die mit der Zeit gingen, sehr beliebt. Ihren Familien gaben sie Saures – und sie taten gut daran. Rhabarber enthält reichlich Fruchtsäuren, Vitamin A und C, viele Mineralstoffe, und obendrein ist er kalorienarm. Rhabarber braucht nicht unbedingt gesüßt zu werden, denn Zucker kann das typische säuerliche Aroma nur übertönen, nicht neutralisieren. Mit Gewürzen wie Muskat, Lorbeer, Nelken, Zimt und/oder mit Milch, Rahm und Quark (kein Joghurt) läßt sich die Säure viel besser abbinden.

Der säuerliche Geschmack des Rhabarbers rührt von der Oxalsäure her. Besonders viel davon ist in den Blättern enthalten, die nicht gegessen werden dürfen. Sie können allenfalls – mit Wasser aufgesetzt kochen lassen – zum Entkalken von Pfannen verwendet werden. Oxalsäure, in kleinen Mengen genossen – so wie wir sie beim Rhabarberessen zu uns nehmen –, wirkt entschlackend.

Nach dem 21. Juni sollte Rhabarber weder geerntet noch gegessen werden, zum einen, weil die Pflanze nun Ruhe braucht, um neue Reservestoffe aufzubauen, zum anderen, weil sie dabei Oxalsäure und Anthrachinone in so großen Mengen bildet, daß sie für den Menschen schädlich ist.

Erntezeit:	Ende April bis 21. Juni
Aufbewahren:	4–5 Tage bei 0–5 °C
Vorbereiten:	Dicke und feste Häute abziehen, eingetrocknete Spitzen und Wurzelknollen wegschneiden. Für Kompotte und als Kuchenbelag Rhabarber zuerst längs schneiden, dann würfeln. Für Cremes Rhabarber in feine (3–4 mm) Scheiben schneiden; die Creme wird dann sämiger.
Zubereiten:	Sieden unter Zugabe von wenig Wasser.
Passende Kräuter und Gewürze:	Ingwer, Kardamom, Lorbeer, Muskat, Nelken, Zimt
Überschüsse:	Einsäuern im eigenen Saft (Rezept *Krautstiel einmachen*, S. 87), heiß einfüllen (Konfitüre, Mus), sterilisieren.

Rhabarberpolenta

500 g Rhabarber	in Würfel schneiden
6 dl Wasser	mit Rhabarber aufkochen
20 g Butter 1 Zwiebel, gehackt	dämpfen, zum Rhabarber geben
200 g Maisgrieß, mittelfein	unter Rühren in die kochende Flüssigkeit einlaufen lassen
1 Prise Salz Rosmarin, gehackt 2 Eßlöffel Birnendicksaft	würzen
2–3 dl Milch	beigeben. Mais 10 Minuten stark kochen lassen, dann auf der abgestellten Kochplatte 40 Minuten quellen lassen. Nochmals 5–10 Minuten aufkochen. Paßt gut zu Kaninchen und Wild

Rhabarbergemüse (süß-sauer)

500 g Rhabarber	in Würfel schneiden
1 Apfel	auf grober Raffel reiben
20 g Butter 1 Zwiebel, gehackt	dämpfen, Rhabarber und Apfel kurz mitdämpfen
1 dl Weißwein	beigeben
1 Eßlöffel Birnendicksaft ½ Teelöffel Curry Pfeffer 1 Prise Salz	würzen, Rhabarber knapp weich kochen (5–7 Minuten)

Tip: Paßt auch gut zu gebratenen Käsegerichten (Schnitten, Raclette)

Stichwort: **Qualität.** Wer ein Gemüse 1. Qualität kauft, kann sicher sein, daß das Gemüse schön ist, darf aber nicht unbedingt erwarten, daß es auch gesund ist oder gut schmeckt. Die Kriterien, die zählen, sind vorab äußerlicher Art (Farbe, Form, Festigkeit, Makellosigkeit). Sie sagen nichts aus über das Aroma, den Duft, den Geschmack, den Vitamingehalt oder die Fruchtsäure- und Zuckerkonzentration, die zusammen die *innere Qualität* eines Gemüses ausmachen.

Wer nicht nur mit den Augen essen möchte, tut gut daran, der inneren Qualität der Gemüse (auch biologischer Wert genannt) ebensoviel Wert beizumessen wie der äußeren. Die innere Qualität ist am höchsten, wenn Gemüse in ihrer Jahreszeit gepflanzt und geerntet werden. Nur dann können sie ihren vollen Gehalt entfalten.

Rhabarberkompott

700 g Rhabarber	würfeln

2 Eßlöffel Wasser
2 Eßlöffel Birnendicksaft oder
1 Eßlöffel Zucker
½ Teelöffel Zimt
1 Lorbeerblatt

2 Nelken	mit Rhabarber zusammen langsam aufkochen, 10–12 Minuten leise kochen. Lorbeerblatt und Nelken entfernen. Anrichten

Paßt gut zu Käseplatte, zu geröstetem Brot und zu Fotzelschnitten (Arme Ritter)

Rhabarbercreme

700 g Rhabarber	zubereiten wie Kompott, zu Mus verrühren, erkalten lassen
200 g Vollmilchquark	mit dem Mus glatt rühren
2 dl Rahm	steif schlagen und sorgfältig unter die Creme ziehen
3 Eßlöffel Buchweizen	rösten und über die Creme streuen

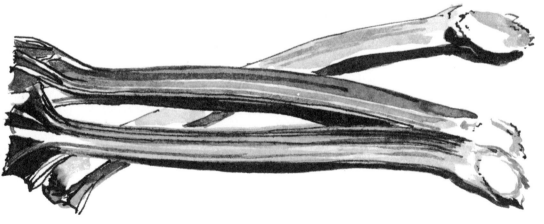

Rhabarber (Rheum barbarum L.)

Spargel

Spargeln waren bereits in der Antike bekannt und heiß geliebt. Die alten Ägypter sollen ihren Toten die zarten grünen Stauden – Bleichspargel wird erst seit dem 19. Jahrhundert angebaut – gleich korbweise in die Gräber gelegt haben. Was sie damit bezweckten, ist nicht genau bekannt. Vermutlich schrieben bereits die Ägypter den Spargeln geheimnisvolle Kräfte zu.

Nördlich des Mittelmeers wurde der Spargel über Jahrhunderte nur von den Reichen gegessen. Dem Volk galt er als Medizin. Gegen den bösen Blick sollte Spargel in Wasser eingeweicht und damit Gesicht und Hände gewaschen werden. Ärzte empfahlen Spargel zur Stärkung des Magens, zum Säubern von Blut und Nieren und gegen Nierensteine.

Auch wenn uns heute nicht alle diese Verwendungszwecke überzeugen, ist der gesundheitliche Wert der Spargeln unbestritten. Sie enthalten viel Vitamin A, B und C und wertvolle Mineralstoffe. Anregend auf die Nierentätigkeit – und damit entschlackend – wirken Kalium und Asparagin. Spargeln sind reich an Nahrungsfasern und kalorienarm. Spargeln sind ein untrüglicher Frühlingsbote, sie lassen sich nicht hetzen und gedeihen nicht in Gewächshäusern. Es braucht echte wärmende Sonnenstrahlen, bis der lange fleischige Sproß ans Tageslicht stößt.

Der Spargel ist eine mehrjährige und sehr arbeitsintensive Pflanze. Die erste Ernte kann frühestens nach drei Jahren erfolgen. Nach 10 Jahren ist eine Kultur erschöpft. Grüne Spargeln – hierzulande lange als Suppenspargeln verpönt – können im Gegensatz zu den Bleichspargeln maschinell geerntet werden. Bleichspargeln brauchen, da sie durch einen künstlich angelegten, etwa 30 cm hohen Erdwall treiben müssen – was ihnen die helle Farbe erhält –, etwas länger, bis ihre Spitzen das Licht der Welt erblicken und sich darob hellgrün, rosa oder gelb verfärben. Wenn die Köpfe bunt geworden sind, müssen die Spargeln – jede einzeln – mit einem Spargelmesser gestochen werden.

Spargeln schmecken frisch am besten und sollten nach Möglichkeit am Tag der Ernte gegessen werden. Früher, als es noch keine Kühlwagen gab und keine Transportflugzeuge, mußte, wer Spargeln genießen wollte, hingehen, wo sie wuchsen, ins Elsaß zum Beispiel oder ins Wallis. Heute sind Spargeln als »exotische« Gemüse aus Amerika, Südafrika, Chile, Argentinien fast das ganze Jahr über erhältlich. Zwei Monate lang dauert die einheimische kulinarische »Hoch-Zeit«. Einer alten Bauernregel zufolge werden – um die heiklen Spargelkulturen nicht zu gefährden – nach St. Johanni (24. Juni) keine Stangen mehr gestochen.

Erntezeit:	Ende April bis 21. Juni
Aufbewahren:	Möglichst frisch verarbeiten, notfalls in ein feuchtes Tuch schlagen und bei 0–5 °C 2–3 Tage aufbewahren.
Vorbereiten:	Weiße Spargeln: waschen, vom Köpfchen bis zum Stielende hin schälen, hartes Stielende wegschneiden. Grüne Spargeln: waschen, hartes Stielende wegschneiden.
Zubereiten:	Sieden im Salzwasser. Wer die Spargeln schneeweiß genießen will, gibt etwas Zitronensaft bei.
Passende Kräuter und Gewürze:	Dill, Petersilie, Schnittlauch
Hinweise:	Die harten Stielenden auskochen, Wasser kann für Suppen, Bouillon und Sauce verwendet werden.

Spargelcremesuppe

300 g Spargeln	in 1 cm lange Stücke schneiden
1 Lauch	in ganz feine Streifchen schneiden
1 Zwiebel, gehackt 20 g Butter	mit Lauch gut durchdämpfen, Spargeln kurz mitdämpfen
2 dl Weißwein 6 dl Wasser	beigeben
Pfeffer, Salz	würzen, bei mittlerer Hitze 20 Minuten kochen lassen
1 dl Rahm 2 Eigelb Muskat	in Suppenschüssel gut verrühren. Unter ständigem Rühren Suppe dazugießen
Petersilie	darüberstreuen

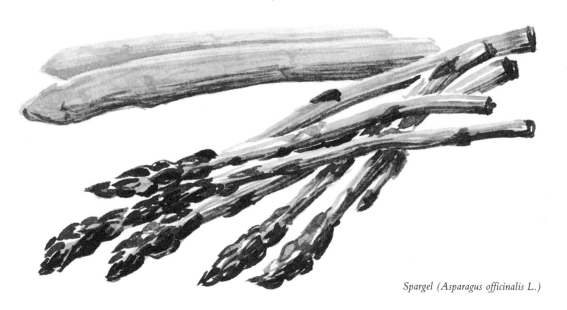

Spargel (Asparagus officinalis L.)

Spargel sieden

1 kg Spargeln	schälen, mit Bast in 3–4 Bündel binden
viel Wasser	
5 g Salz pro Liter	zum Kochen bringen. Spargeln ohne Deckel kochen lassen (grüne 5–12 Minuten, weiße 15–20 Minuten)

Garprobe: Mit Küchenmesser in Spargelende einstechen – es sollte weich sein, aber noch etwas Widerstand bieten. Wichtig: Kochzeit gut überwachen – zu stark gekochte Spargeln verlieren den frischen Geschmack und können nicht mehr von Hand gegessen werden. Spargeln sorgfältig herausnehmen, gut abtropfen lassen, zum Warmessen in Serviette einwickeln

Spargeln ertragen mit ihrem eigenartigen und speziellen Charakter nur einen sanften Begleiter. Meist in Form von Saucen sind dies Eier, Sonnenblumen- oder Olivenöl, Butter, Petersilie

Bekannt sind folgende Arten, Spargeln zu essen:

Flämische Art

4 Eier	5–6 Minuten kochen, schälen, Eigelb in Schüssel geben (Eiweiß für Salat zur Seite stellen)
100 g Butter	schmelzen, mit Eigelb verrühren. Als Sauce zu den warmen Spargeln servieren

Spanische Art

Kalte Spargeln mit Zitronensaft und Olivenöl beträufeln, mit frisch gemahlenem Pfeffer bestreuen

Italienische Art

100 g Parmesan, gerieben	über die heißen Spargeln streuen
50–100 g Butter	in Pfanne bräunen, über die Spargeln gießen. Die Mailänder legen dann noch zusätzlich pro Portion ein Spiegelei zu

Polnische Art

Petersilie, gehackt	über Spargeln streuen
2–3 Eier	kochen, hacken und über Spargeln streuen
50 g Butter	schmelzen
2 Eßlöffel Paniermehl	kurz in Butter rösten, über die Spargeln gießen

Elsässische Art (mit Mayonnaise)

1 Eigelb	
1 Eßlöffel Senf, Salz	mit Schneebesen gut verrühren
1½ dl Sonnenblumenöl	unter ständigem Rühren tropfenweise beigeben, sollte dabei eindicken
1 Eßlöffel Essig oder Zitronensaft	beirühren

Diese Mayonnaise kann beliebig abgewandelt und bereichert werden. Mit Kräutern, Meerrettich, Knoblauch, Zwiebeln, geschlagenem Eiweiß, Joghurt, Quark, geschlagenem Rahm.

Kräutersauce

6–7 Eßlöffel Petersilie, gehackt	
Schnittlauch, gehackt	
Dill, gehackt	
1 Zwiebel, gehackt	
1 Ei, gekocht, gehackt	
2 dl Sauerrahm	mit Schneebesen gut verrühren
1 Eßlöffel Zitronensaft	
Pfeffer, Salz	würzen

Spargelsalat

400 g weiße Spargeln	
400 g grüne Spargeln	sieden (S. 36). In 4–5 cm lange Stücke schneiden, in Schüssel geben
4 Eßlöffel Essig	
Pfeffer, Salz	mit Schneebesen gut verrühren
5 Eßlöffel Sonnenblumenöl	beigeben, nochmals gut rühren
2 Eier, gekocht, gehackt	
1 Zwiebel oder Schalotte, gehackt	mit Sauce mischen und diese über die warmen Spargeln gießen. Dazu passen Gschwellti

Spinat

Der Spinat ist, wer hätte das gedacht, ein Orientale. Die Heimat des »ispānāh«, wie er auf persisch heißt, ist das Grenzgebiet zwischen Afghanistan und Iran. Es waren die Araber, die den Spinat in den Westen, d. h. zunächst nach Spanien, brachten. Einige Autoren schreiben dieses Verdienst allerdings eher den Kreuzrittern zu. Von Spanien aus hat sich der Spinat über ganz Europa verbreitet und dabei die »grüne Melde« – ein dem Spinat ähnliches Gemüse, das im Mittelalter in Nordeuropa viel gegessen wurde (besonders während der Karwoche vor Ostern) – zunehmend aus den Gärten verdrängt.

Spinat ist ein Gemüse, über das sich nicht streiten läßt: Die einen mögen es, den andern ist nicht zu helfen. Denn gesund ist er alleweil, der Spinat. Auch wenn sein Eisengehalt infolge eines Rechenfehlers jahrzehntelang überschätzt worden ist, ist Spinat nicht ganz ohne: Abgesehen von Eisen enthält er zahlreiche lebenswichtige Mineralstoffe. Werden den Spinatpflanzen durch Düngung zusätzliche Mineralstoffe zugeführt, kann das unliebsame Nitratkonzentrationen zur Folge haben. Darum ist Spinat – und mit ihm auch die anderen Gemüse aus der Familie der Gänsefußgewächse (z. B. Randen, Krautstiele, Schnittmangold) – am besten und bekömmlichsten aus biologischem Anbau.

Wer an Niere oder Leber krankt, an Arthritis oder Rheuma leidet, sollte den Spinat – wegen des Gehalts an Nitrat und Oxalsäure – blanchieren und das erste Wasser abgießen. Diese Prozedur, mit der immerhin zwischen 40–70% der Nitrate, aber leider auch ein Großteil der übrigen Mineralstoffe ausgewaschen werden, empfiehlt sich auch, wenn Spinat für Kleinkinder zubereitet wird.

Abgesehen von den Mineralstoffen enthält Spinat viele Vitamine. Doch aufgepaßt! Die Vitamine verlieren sich fast stündlich. Spinat sollte darum möglichst taufrisch zubereitet werden. Wegen des hohen Nitratgehalts gerät Spinat – einmal gekocht – sehr schnell in Gärung; dabei entstehen schädliche Nitrite. Aus diesem Grund soll Spinat nie aufgewärmt werden.

Erntezeit:	Winterspinat: April Frühlingsspinat: Mai Herbstspinat: September bis Anfang November
Aufbewahren:	Möglichst taufrisch
Vorbereiten:	Gut waschen, dicke lange Stengel abschneiden.
Zubereiten:	Saft, roh, dämpfen, sieden im Würzwasser, zum Färben von Teigwaren, Suppen.
Passende Kräuter und Gewürze:	Bärlauch, Liebstöckel, Muskat, Selleriekraut
Überschüsse:	Dörren
Hinweise:	Mit Spinat lassen sich auch alle Neuseeländerspinat- und Schnittmangoldrezepte (*Capuns*, S. 103, allerdings nur, wenn große Spinatblätter verfügbar sind) zubereiten. Ausgezeichnet schmeckt Spinat, wenn er wie der *Federtopf* (S. 152) zubereitet wird.

Spinat, gedämpft

750 g bis 1 kg Blattspinat	
20 g Butter	
1 Zwiebel, gehackt	mit Spinat dämpfen (5–10 Minuten)
Pfeffer, Muskat, Salz	würzen, 1–2 Minuten köcheln lassen
evtl. ½ dl Rahm	beigeben, rühren, anrichten

Spinatsauce

300 g Spinat	in Würzwasser 2–3 Minuten blanchieren, herausnehmen, gut abtropfen lassen, ganz fein hacken
1½ dl Sauerrahm	
3 Eßlöffel Milch	
1 Knoblauchzehe, gepreßt	
etwas Muskat, Salz	mit gehacktem Spinat in Pfanne erwärmen
50 g Käsereste	reiben, unterziehen. Diese Sauce zu gesottenen, halbierten oder zu pochierten Eiern servieren oder verschiedene Gemüse damit überziehen, z. B. *Grüne Rüben* (S. 28)

Spinat (Spinacia oleracea L.)

Frühlingssuppe

1 Zwiebel, gehackt
20 g Butter   dämpfen

2 Eßlöffel Mehl   kurz mitdämpfen

1 l Wasser   ablöschen, gut umrühren

Knoblauchzehe, gepreßt
Liebstöckel, gehackt
Pfeffer, Salz   würzen und 10–15 Minuten kochen

200 g Spinat oder
Brennesseln, Bärlauch,
Löwenzahn, Sauerampfer   in Streifen schneiden, kurz vor dem Anrichten beigeben, nochmals gut aufkochen

1 Ei
1 dl (knapp) Milch   in Suppenschüssel verrühren und unter ständigem Rühren die Suppe dazugießen

Spinatkugeln

Zubereiten wie *Spinat, gedämpft*, ohne Zugabe von Rahm. Mit Löffel 8 Kugeln formen

50 g Sbrinz, gerieben
50 g Haselnüsse, gerieben   mischen, Kugeln darin wenden

ca. ½ kg Kartoffelstockreste
oder Getreidereste aus ganzen
oder geschroteten Körnern   in gut ausgebutterte Gratinform geben. Dabei 8 große Vertiefungen (am besten mit nassem Löffel) machen. Kugeln darauf verteilen. Unten im Ofen bei 220°C 30 Minuten backen

Spinatsalat

300 g Frühlingsspinat
1 Teelöffel Senf
etwas Muskatnuß
Pfeffer, Salz, 4 Eßlöffel Essig   mit Schneebesen gut verrühren

4 Eßlöffel Sonnenblumenöl   beigeben, gut rühren, den Spinat mit Sauce mischen

2 Scheiben Brot

30 g weiche Butter
2 Knoblauchzehen, gepreßt   mischen, Brotscheiben beidseitig damit bestreichen und in Bratpfanne knusprig backen. In Würfel schneiden und über den Salat streuen. Sofort servieren

Sommer: 21. Juni bis 23. September

Artischocke
Aubergine
Blumenkohl
Bohne
Broccoli
Catalogna
Cima di rapa
Erbse
Fenchel
Gurke
Kohlrabi
Krautstiel
Neuseeländerspinat
Patisson
Peperoni
Rondini
Schnittmangold
Tomate
Zucchetti

Artischocke

Die Heimat der Artischocke wird im östlichen Mittelmeerraum bzw. in Kleinasien vermutet. In Karthago soll sie schon um 500 v. Chr. angebaut worden sein.

Als Grundlage zu Aperitifgetränken hat sich die Artischocke hierzulande schon längst einen Namen gemacht, während sie als Gemüsepflanze erst vor wenigen Jahren breiter bekannt geworden ist. Heute ist das Aphrodisiakum – dieser Ruf haftete der Artischocke an, die von so illustren Personen wie Heinrich VIII. und der Pompadour leidenschaftlich gern gegessen worden sein soll – fast immer zu haben. Das Angebot an inländischen Artischocken ist allerdings begrenzt und nur vom Markt oder aus Liebhabergärten zu beziehen.

Im kommerziellen Anbau werden Artischocken zum einen vom Kardy bedrängt – für Kardy bestehen günstige Abnahmeverträge mit der Konservenindustrie – zum anderen von den »Artischocken-Blumen«. Die Artischocke muß im Gegensatz zum Kardy, der einjährig ist, überwintert werden. Wenn es den Bauern gelingt, die Artischocken über die feuchtkalte Jahreszeit zu retten, lassen sie sie immer häufiger auswachsen. Für Artischokken-Blumen können auf dem Markt etwa dreimal höhere Preise erzielt werden als für Artischocken-Gemüse.

Ein großer Teil der in den Supermärkten angebotenen Artischocken kommt aus Ägypten, einem Land, das seine Bevölkerung nicht ernähren kann, einem Land, in dem 85% der Bauern nur einen Hektar Boden oder noch weniger besitzen und sich kaum je eine Artischocke leisten können.

Neben reichlich Vitamin A und B und einem großen Mineralsalzanteil enthält die Artischocke die beiden Inhaltsstoffe Cynarin und Inulin. Cynarin ist ein leberfreundlicher, der Magenschleimhaut zuträglicher Bitterstoff, der überdies verdauungsfördernd wirkt. Inulin ist eine Stärkeart, die durch den Verdauungsprozeß in Fruchtzucker umgewandelt wird und so auch für Diabetiker geeignet ist.

Artischocken sollten weder in Alu- noch in Eisenpfannen gekocht werden, da sie dadurch an Farbe verlieren und zudem einen leichten Metallgeschmack annehmen.

Erntezeit:	August und September
Aufbewahren:	2–3 Tage bei 0–5°C
Vorbereiten:	Für ganze Artischocken: Stiel wegschneiden, die stacheligen Blattspitzen evtl. mit einer Schere einkürzen. Für Artischockengemüse (kleine und zarte Früchte auswählen): Stiel wegschneiden, ebenso die oberen Blätter; die unteren Blätter mit der Schere einkürzen, so daß nur noch die weichen Teile zurückbleiben. Der Länge nach halbieren, Heu entfernen, vierteln oder achteln. Für Artischockenherzen: Stiel und grüne Blätter wegschneiden (evtl. zu einer Suppe auskochen), so daß nur die gelben, weichen Herzblätter zurückbleiben. Böden in Zitronenwasser waschen. Für Artischockenböden: Vorbereitung wie Artischockengemüse, jedoch nicht halbieren, sondern ganz während 20 Min. in Zitronenwasser sieden. Blätter und Heu vom Boden lösen und diesen weiterverwenden (Blätter pürieren für Suppe).
Zubereiten:	Dämpfen, sieden im Würzwasser (Zitronensaft und evtl. weggeschnittene Artischockenblätter).
Passende Kräuter und Gewürze:	Dill, Petersilie, Schnittlauch
Überschüsse:	Einlegen in Öl oder Essig (Herzen und Böden). Sterilisieren.

Ganze Artischocken

4 Artischocken	in Würzwasser (abgedeckt bleibt die Farbe schöner) 30–40 Minuten kochen. Sorgfältig herausnehmen und abtropfen lassen
80 g Butter	zerfließen lassen, über die angerichteten Artischocken gießen. Als Vorspeise servieren

So können Artischocken auch als Hauptgericht (pro Person 2–3 Stück) zubereitet werden. Anstatt Butter werden dann verschiedene Saucen dazu serviert; z. B. *Spinatsauce* (S. 39), *Gorgonzolasauce* (S. 104), *Tomatensauce* (S. 106), *Sauce vinaigrette* (S. 50) usw. Begleitet wird das Gericht von Salat, Hobelkäse und Trockenfleisch

Artischocken auf römische Art (als Vorspeise)

4 Artischocken	vorbereiten wie *ganze Artischocken*
2 Knoblauchzehen, gepreßt viel Petersilie, gehackt Minzenblätter Pfeffer, Salz	mischen und in die geöffneten Artischockenblätter streuen. Die Artischocken mit dem Stiel nach oben in eine Pfanne geben
3 Eßlöffel Sonnenblumenöl 2 dl Wasser, 1 dl Weißwein	dazugießen, auf kleiner Flamme leicht kochen lassen. Nach 20 Minuten sollte die Sauce eingedickt sein. Kalt oder warm als Vorspeise servieren

Artischocke (Cynara scolymus L.)

Gedämpfte Artischocken

6 kleine Artischocken	vorbereiten wie *ganze Artischocken*
2 Zwiebeln	achteln
20 g Butter	Zwiebeln und Artischocken darin dämpfen
1 Teelöffel Mehl	nach 10–15 Minuten kurz mitdämpfen
1 dl Weißwein	beigeben, aufkochen
Pfeffer, Salz	würzen, leicht kochen lassen, bis das Gemüse gar ist
Petersilie, gehackt	über das angerichtete Artischockengemüse streuen

Artischockenherzen à la provençale

8 kleine Artischocken	Herzen rüsten
2 Eßlöffel Olivenöl 1 Schalotte, gehackt	dämpfen, bis Schalotte glasig ist, Herzen 5 Minuten mitdämpfen
50 g Speckwürfel 1 dl Weißwein	beigeben, 10 Minuten leise kochen
3 Tomaten, geviertelt	evtl. geschält, beigeben, 15 Minuten leise kochen
Salbei, gehackt Pfeffer, Salz	würzen
Petersilie, gehackt	über die angerichteten Herzen streuen

Artischockenböden au fromage

30 g Butter	schmelzen (Chromstahlpfanne)
30 g Mehl	beigeben, mit Butter gut verrühren und kurze Zeit mitdämpfen. Pfanne von der Platte nehmen
2 dl Artischockensud	beigeben, glatt rühren, auf Platte eindicken lassen
½ dl Rahm	beigeben
Muskat, Pfeffer, Salz 50 g Bergkäse, gerieben 2–3 Tropfen Zitronensaft	würzen
8 Artischockenböden	beigeben, während 5 Minuten leise kochen lassen, anrichten. Mit gedämpfter Hirse servieren

Aubergine/Eierfrucht

Die Auberginen gehören, zusammen mit den Tomaten und den Kartoffeln, zu einer Familie, der lange Zeit nur Schlechtes nachgesagt worden ist. Der Name »Nachtschattengewächse« kommt vom althochdeutschen »nahtscato«, was »schwarzer Schaden« oder soviel wie Gift bedeutet. Der Name kommt nicht von ungefähr, da einige der giftigsten Pflanzen – z. B. das Bilsenkraut, die Tollkirsche, der Stechapfel, der Tabak und die Früchte der Kartoffelstaude – besagter Familie angehören.

Die Auberginen stammen aus dem tropischen Ostindien. Von dort sind sie vermutlich durch die Araber nach Westen gekommen. »Mala insana« (ungesunde Äpfel) oder »poma amoris« (Liebesäpfel) – unter solch illustren Namen war die Aubergine im 16. Jhdt. nördlich der Alpen bekannt und wurde zunächst abgelehnt. »Solche Speisen lieben allein die Schleckmäuler, die nicht noch achten, wie gesund ein Ding sei, wenn es nur wohl schmeckt«, steht da in einem zeitgenössischen Dokument zu lesen. Gesundheitliche Überlegungen waren es aber nicht allein, die den Anbau der Auberginen in Nordeuropa verzögerten. Auch klimatische Gründe spielen bis heute mit. Auberginen brauchen zur Reifung sehr viel Wärme. In der Schweiz beispielsweise können sie in größeren Mengen nur im Tessin und im Gebiet des Genfer Sees angebaut werden. Vom Verzehr unreifer Auberginen ist abzuraten, da die Früchte größere Mengen an Solanin enthalten. Dieses giftige Alkaloid, das sich auch in grünen Kartoffeln findet, kann zu Magenschmerzen, Durchfall, Erbrechen, ja gar zu Bewußtlosigkeit führen.

Während Jahrhunderten ist die Aubergine nördlich der Alpen nur als Zierpflanze gezogen worden. Sie hatte in ihrer ursprünglichen Form die Farbe von Eierschalen und überdies ein eiähnliches Aussehen, was ihre Beschreibung als »Äpfel« und den (aus dem Englischen übernommenen) Namen »Eierfrucht« erklärt. Heute gibt es die kleinen weißen Auberginen ab und zu wieder zu kaufen.

Auberginen zählen zu den wenigen Gemüsen, die roh überhaupt nicht schmecken und gekocht werden müssen. Die in den Auberginen enthaltenen Bitterstoffe – die u. a. auf den Eisengehalt der Frucht zurückzuführen sind – haben eine anregende Wirkung auf die Leber-Gallen-Tätigkeit.

Erntezeit:	August bis Oktober
Aufbewahren:	8–12° C, 7–10 Tage
Vorbereiten:	Stielansatz wegschneiden, waschen, ältere Früchte schälen, jüngere mit der Haut verwenden. Einmal geschnittene Früchte sofort weiterverwenden, da sich das Fruchtfleisch sonst braun verfärbt.
Zubereiten:	Dämpfen, sieden im Dampf, braten.
Passende Kräuter und Gewürze:	Basilikum, Liebstöckel, Oregano, Petersilie, Thymian
Überschüsse:	Dörren, Sterilisieren
Hinweise:	Auberginen lassen sich auch grillieren (am offenen Feuer oder in der Bratpfanne) oder unter Tomaten-, Paprika- und Zucchettigemüse mischen. Das Rezept für *gefüllte Peperoni* (S. 98) schmeckt auch sehr gut, wenn es mit Auberginen zubereitet wird.

Aubergines à la crème

800 g Auberginen	in ½ cm dicke Scheiben schneiden
20 g Butter	Auberginenscheiben damit 7–10 Minuten dämpfen
einige Tropfen Essig	beigeben
4 Knoblauchzehen, gehackt 1 Zwiebel, gehackt	kurz mitdämpfen
1 dl Rahm	beigeben
Paprika, Pfeffer, Salz	würzen, Rahm auf kleiner Hitze zur Hälfte einkochen lassen
Petersilie, gehackt	über die angerichteten Auberginen streuen

Aubergineneintopf

500 g Auberginen	in 2 cm große Würfel schneiden
2 Eßlöffel Olivenöl 1 Zwiebel, gehackt	mit Auberginen 5 Minuten dämpfen
500 g Tomaten	in große Schnitze teilen
500 g Kartoffeln	in kleine Würfel schneiden. Kartoffeln und Tomaten beigeben und weiter dämpfen
Basilikum, gehackt Pfeffer, Salz	würzen, auf kleinem Feuer leise kochen, bis die Kartoffeln gar sind, anrichten
100 g Greyerzerkäse, gerieben Petersilie, gehackt	darüberstreuen

Auberginensalat

500 g Auberginen	in dünne Scheiben schneiden
2 Eßlöffel Olivenöl	erhitzen, Auberginenscheiben darin beidseitig kurz bräunen, auf Platte anrichten
Salz und Pfeffer	darüberstreuen
Essig	dazugeben

Variante: Mit Sauerrahm servieren

Gefüllte Auberginen

2 mittelgroße Auberginen	ungeschält längs halbieren, Fruchtfleisch mit Löffel herauslösen und Auberginen in gebutterte Gratinform legen. Fruchtfleisch fein hacken
2 Eßlöffel Olivenöl 1 Zwiebel, gehackt	mit Fruchtfleisch dämpfen
3 Tomaten	kleinschneiden, mitdämpfen
100 g Champignons	in feine Blättchen schneiden, mitdämpfen
200 g gekochtes Getreide*	beigeben
Basilikum, gehackt Knoblauchzehe, gepreßt Pfeffer, Salz	würzen, Füllung in die ausgehöhlten Auberginen einfüllen
100 g Bergkäse Butterflocken	darüberstreuen, in der Ofenmitte bei 230°C ca. 20 Minuten backen

* Getreide- oder Kartoffelreste oder altes, kleingeschnittenes Brot

Aubergine (Solanum melongena L.)

Blumenkohl

Den Anfang machten – wie bei fast allen Kohlgemüsen – die Südländer. Die Italiener begannen im 16. Jahrhundert, den Blumenkohl zu kultivieren. Frühere und auch wilde Formen des Kohls hatten allerdings bereits den alten Griechen und Römern gemundet. Ihnen galt Kohl nicht nur als gesundes Gemüse. Auch allerlei Heilkräfte wurden ihm nachgesagt. Kohl wurde eingesetzt gegen Trunkenheit und zur Vorbeugung gegen die Pest. Geschwüre wurden damit behandelt, und er soll auch Fleischspeisen leichter verdaulich gemacht haben.

Blumenkohl, als einer der jüngsten Sprößlinge der Kohlfamilie, wird heute vorab um seiner Bekömmlichkeit willen geschätzt. Das geschmacklich hochwertige Gemüse ist dank seiner zarten Zellstruktur auch als Schonkost geeignet. Blumenkohl enthält viel Kalzium und Vitamin C. Die Nachfrage übersteigt das einheimische Angebot bei weitem. Jährlich müssen viele tausend Tonnen, vor allem aus Holland und Italien, eingeführt werden. Warum nicht ab und zu auf ein anderes Kohlgemüse umsteigen?

Blumenkohl gehört, wie Broccoli und Cima di rapa, zu den »Feinen« in der großen Sippe des Kohls. Noblesse oblige, und es gibt in der Tat eine bemerkenswerte Besonderheit: Die drei Feingemüse, und neben ihnen noch die Artischocken, sind die einzigen Gemüsearten, bei denen die Blüte bzw. der Blütenstand gegessen wird.

Blumenkohl ist weiß, aber nicht einfach von Natur aus. Um ihm sein schneeiges Aussehen zu erhalten, muß er vom direkten Sonnenlicht abgeschirmt werden. Dazu werden die Blütenstände mit eingeknickten Blättern beschattet. Neuere Sorten – Züchtungen machen es möglich – decken sich selber zu. Inzwischen gibt es auch violetten Blumenkohl.

Erntezeit:	Blumenkohl scheut große Hitze. Damit ist die Haupterntezeit auf den Frühsommer und den Spätherbst eingegrenzt.
Aufbewahren:	Feste Köpfe lassen sich gut einige Tage bei 0–5°C aufbewahren.
Vorbereiten:	Vor dem Zubereiten den Blumenkohl für ca. ½ Stunde – mit dem Strunk nach oben – in kaltes Salz- oder Essigwasser geben. Eventuell vorhandene Insekten bleiben im Wasser zurück. Blätter und angetrocknete Stellen am Strunk wegschneiden, in Röschen teilen, Strunk kleinschneiden.
Zubereiten:	Roh, sieden im Dampf (verfärbt sich leicht gelb), sieden im Würzwasser unter Zugabe von Milch- oder Zitronensaft, damit er weiß bleibt. Milch (3–4 Eßlöffel pro Liter) macht den Blumenkohl zarter, mit Beigabe von Zitrone (2 Eßlöffel pro Liter) zerfällt er weniger.
Passende Kräuter und Gewürze:	Dill, Estragon, Kerbel, Petersilie
Überschüsse:	Sterilisieren, Einsäuern.
Hinweise:	Blumenkohl kann wie *Broccoli* zubereitet werden.

Blumenkohl à la polonaise (klassisch)

1 mittelgroßer Blumenkohl	in Röschen teilen
1 Lorbeerblatt	sieden im Würzwasser und auf Platte anrichten. Lorbeerblatt entfernen
2 gekochte, gehackte Eier 2 Eßlöffel Paniermehl 2 Eßlöffel Petersilie, gehackt	über Blumenkohl streuen
20 g Butter	zergehen lassen, darübergießen

Variante: Blumenkohl ganz belassen

Blumenkohl, gratiniert

1 mittelgroßer Blumenkohl	in Röschen teilen und 5–10 Minuten im Würzwasser sieden. Röschen sollten noch knackig sein. In bebutterte Gratinform geben
evtl. Paniermehl 30 g Sbrinz	darüberstreuen
Butterflocken	darauf verteilen und bei 220°C (10–15 Minuten) oben im Ofen überbacken

Blumenkohl (Brassica oleracea L. convar. botrytis L.)

Roher Blumenkohlsalat

1 kleiner Blumenkohl	in ganz kleine Röschen teilen, Strünke fein schneiden. In Sauce vinaigrette anrichten (wie *Blumenkohl vinaigrette,* S. 50). Zur Abwechslung statt Sonnenblumenöl 1 dl geschlagenen Rahm in die Sauce geben

Variante: In große Röschen teilen und mit *Sauce vinaigrette* als Dip servieren

Blumenkohl vinaigrette

1 mittelgroßer Blumenkohl	in Röschen teilen, im Würzwasser al dente sieden, abtropfen lassen und auf einer Platte anrichten
1 Teelöffel Senf wenig Pfeffer wenig Salz 3 Eßlöffel Kräuteressig	mit dem Schneebesen gut verrühren
3–4 Eßlöffel Sonnenblumenöl	beifügen, gut rühren
4 Eßlöffel Kräuter, gehackt Knoblauchzehe, gepreßt 1 kleine Zwiebel, gehackt 1 kleine Essiggurke, gehackt 1 Ei, gekocht, gehackt	beifügen und umrühren, über den angerichteten Blumenkohl gießen

Tip: Kann warm und kalt genossen werden

Blumenkohl vite

1 mittelgroßer Blumenkohl	in Röschen teilen, sieden im Würzwasser, je nach Röschengröße 10–15 Minuten
50 g Butter 50 g grobgehackte Haselnüsse	leicht in Butter rösten
	Den Blumenkohl, wenn er gar ist, abtropfen lassen und auf einer vorgewärmten Platte anrichten
Zitronensaft	Evtl. mit Zitronensaft beträufeln, dann die Nußbutter darübergeben

Bohne

Alle Bohnen mit Ausnahme der Puffbohne – deren Heimat im Orient vermutet wird – stammen ursprünglich aus Zentral- und Südamerika. Dort spielten sie bis vor kurzem eine wichtige Rolle als Grundnahrungsmittel. Inzwischen sind in vielen Ländern Lateinamerikas die Bohnen zum Luxusartikel avanciert. In Brasilien beispielsweise stiegen die Schwarzmarktpreise für schwarze Bohnen 1983 in manchen Städten um 800%. Der Grund für diese immense Verteuerung liegt in der zunehmenden Verknappung der Anbauflächen. In Brasilien wird Soja angebaut, Soja, das als Futtermittel für unsere Schweine exportiert wird. Da bleibt kein Platz mehr für die Bohnen für Menschen.

Erstmals sind Bohnen im 16. Jahrhundert über die spanischen Eroberer nach Europa gelangt und fanden hier rasche Verbreitung. Von den über 100 Bohnensorten, die heute weltweit bekannt sind, werden in Mitteleuropa vorab Busch-, Stangen-, Feuer- und Puffbohnen angebaut.

Bohnen, der Familie der Hülsenfrüchte zugehörig, werden bei uns vorab als frisches Grün-Gemüse geerntet und verzehrt bzw. konserviert oder tiefgefroren. Anders in südlichen Ländern oder in Ländern der Dritten Welt: Dort werden hauptsächlich Bohnensorten angebaut, die sich zum Auswachsenlassen eignen.

Ob grün oder getrocknet, gesund sind Bohnen allemal. Frische Bohnen enthalten die Vitamine A, B und C in großen Mengen, daneben Eisen, Kalium, Eiweiß und Kohlenhydrate und sehr viel Magnesium. Sie sollen harntreibend wirken und gut sein gegen Fettsucht und Darmträgheit.

Getrocknete Bohnen weisen einen enorm hohen Eiweißgehalt auf und sind weltweit der wohl wichtigste pflanzliche Eiweißlieferant. Im weiteren enthalten sie Kalium, Schwefel und Phosphor. Das in den Bohnen auch vorhandene Vitamin E kann vom menschlichen Körper nur dann richtig umgesetzt werden, wenn zusammen mit den Bohnen tierische Eiweiße (z. B. Milchprodukte, Eier, Fisch, Fleisch) gegessen werden.

Getrocknete Bohnen sind – vor allem bei sitzender Tätigkeit – eher schwer verdaulich. Pythagoras soll von ihrem Genuß abgeraten haben, da sie das Denken belasten.

Bohnen dürfen nicht roh gegessen werden. Sie enthalten das giftige Phasin, das Magenschmerzen und Entzündungen hervorrufen kann und dessen nachteilige Wirkung nur durch Kochen aufgehoben werden kann.

Erntezeit:	Buschbohnen: Ende Juli bis Oktober Stangenbohnen: August bis September Feuerbohnen: August bis Oktober Puffbohnen: Juni bis Juli
Aufbewahren:	2–4 Tage bei 5°C
Vorbereiten:	Stielansatz und Spitze wegschneiden und evtl. Fäden abziehen, waschen. Für Kerne: Hülse öffnen und Kerne kurz abspülen.
Zubereiten:	Dämpfen, sieden im Dampf, sieden im Würzwasser.
Passende Kräuter und Gewürze:	Bohnenkraut, Basilikum, Majoran, Salbei, Thymian
Überschüsse:	Sterilisieren, dörren, mit Hülse oder ausgekernt, einsäuern.
Hinweise:	Zarte grüne Bohnen können auch wie Knackerbsen oder Kefen, Bohnenkerne wie Erbsen zubereitet werden.

Bohnen, gedämpft (Variationen)

a) 800 g Bohnen
   20 g Butter
   1 Zwiebel, gehackt
   Bohnenkraut, gehackt
   1 Knoblauchzehe, gepreßt — dämpfen, bis die Bohnen gar sind (15–20 Minuten). Bohnen auf heißer Platte anrichten

b) Einmal nur mit Zwiebeln, einmal nur mit Knoblauch ausprobieren, immer mit Bohnenkraut

c) 10 g Butter — Bohnen wie a) zubereiten
   3 Eßlöffel Paniermehl — etwas rösten, über die angerichteten Bohnen streuen

d) 50 g Bergkäse — Bohnen wie a) zubereiten, Käse über die angerichteten Bohnen streuen

e) 100 g Ziegenkäse — Bohnen wie a), Käse darüberstreuen

f) Basilikum, gehackt
   Petersilie, gehackt
   10 g Butter — kurz dämpfen und über die angerichteten Bohnen geben

g) 50 g Speckwürfel — Bohnen wie a) zubereiten

   Speckwürfel in Bratpfanne langsam erhitzen (Fett tritt besser aus als beim schnellen Erhitzen), dann bräunen und über die angerichteten Bohnen streuen

Butter kann gut durch Olivenöl ersetzt werden. Dies ergibt den »südlichen Gout«

Bohnen mit Tomatensauce

500 g Bohnen — in Würzwasser 5 Minuten sieden, abtropfen lassen

500 g Tomaten — kurz ins heiße Bohnenwasser tauchen, schälen und achteln

2 Eßlöffel Olivenöl
1 Zwiebel, gehackt — gut dämpfen

3 Knoblauchzehen, gehackt — kurz mitdämpfen, Bohnen und Tomaten zugeben

Rosmarin, gehackt
Thymian, gehackt
Salz — würzen, 10–15 Minuten abgedeckt leise kochen

Mit Hirse, Mais oder Gerste, evtl. etwas Käse, ergibt das eine farbige Mahlzeit

Busecca

150 g Bohnenkerne*	
6 dl Wasser	12 Stunden einweichen, Einweichwasser abgießen
1 Zwiebel, mit Nelken besteckt	
Lorbeerblatt	
2 dl Wasser	die Bohnen damit aufkochen, 10 Minuten stark kochen. 50 Minuten quellen lassen, Lorbeerblatt und Nelken entfernen
3 Rüebli	
1–2 Lauchstengel	
wenig Sellerieblätter	
etwas Wirz	fein schneiden
20 g Butter	Gemüse darin dämpfen
1 Büschel Petersilie	
2 Salbeiblätter	
1 Zweiglein Majoran	fein hacken, kurz mitdämpfen
1 Kartoffel	schälen, mit grober Raffel hineinreiben, mit vorgekochten Bohnen ablöschen
300 g Kutteln, fein geschnitten, oder geschnittenes Suppenfleisch vom Rind	beigeben
3–4 Tomaten, gewürfelt	
Salz	würzen. Alles eine Stunde leise kochen lassen

* 100 g getrocknete Bohnenkerne entsprechen ca. 400–450 g frischen Bohnenkernen. Frische Bohnenkerne müssen nicht eingeweicht oder vorgekocht werden. Wenn frische Kerne verwendet werden, diese mit den anderen Gemüsen kurz mitdämpfen, mit 3–4 dl Wasser ablöschen

---

Stichwort: **Ökologie.** Agrarprodukte für den Export werden in der Dritten Welt häufig in Monokulturen auf Plantagen angebaut.

Monokulturen sind anfällig gegenüber Krankheiten und Schädlingen, was einen hohen Einsatz von Pflanzenschutzmitteln bedingt.

Monokulturen laugen die Böden aus, was einen immer höheren Einsatz von Düngemitteln nach sich zieht.

Die ausgebrachten Chemikalien mindern zum einen den qualitativen Wert der geernteten Gemüse und Früchte und drücken zum andern dem Öko-System einen nachhaltigen Stempel auf: Verarmung der Böden, Humusverluste, Erosion, Trinkwasserverschmutzung etc. sind die Folgen.

Gedörrte grüne Bohnen

100–200 g★ gedörrte Bohnen	12 Stunden in Wasser einweichen, abtropfen lassen
20 g Butter 1 Zwiebel, gehackt	mit den Bohnen dämpfen
etwas Einweichwasser	beifügen, die Bohnen sollten immer mit etwas Flüssigkeit kochen, aber nie darin schwimmen. Die ersten 10 Minuten stark kochen
Salbei, gehackt Bohnenkraut, gehackt, Salz	würzen
	40–50 Minuten leicht kochen lassen. Mit *Randen, geschwellt* (S. 169), *Topinambur, geschwellt* (S. 188), *Bodenkohlrabi, gedämpft* (S. 115), *Rotkraut gedämpft* (S. 130) zu einer Gemüseplatte anrichten. Dazu Meerrettichquark servieren

★ 100 g, wenn Bohnen Teil einer Gemüseplatte sind, 200 g, wenn sie als einziges Gemüse gereicht werden. 1 kg frische Bohnen ergeben 100 g gedörrte Bohnen!

Bohnensalat

800 g Bohnen	in Dampf al dente sieden (10 Minuten), in 4–5 cm lange Stücke schneiden
4 Eßlöffel Essig Bohnenkraut, gehackt Basilikum, gehackt 1 Zwiebel, gehackt 1 Knoblauchzehe, gepreßt Salz	mit dem Schneebesen gut verrühren
4–5 Eßlöffel Olivenöl	beifügen, nochmals gut rühren, mit den warmen Bohnen mischen

Geschmacklich und farblich angereichert mit Tomatenschnitten, Fenchelstreifen, Rüeblirädchen und gekochten Kartoffelwürfelchen, wird dieser Salat zu einem vollständigen Sommeressen

Puffbohnensalat

400 g frische Puffbohnen-
kerne

in Würzwasser 10 Minuten sieden, gut abtropfen und noch warm mit folgender Sauce mischen

4 Eßlöffel Essig
Bohnenkraut, gehackt
Salbei, gehackt
Basilikum, gehackt
Knoblauchzehe, gepreßt
Salz

mit Schneebesen gut verrühren

4 Eßlöffel Sonnenblumenöl

beifügen, nochmals gut rühren

Schnittlauch

fein schneiden und über den Salat streuen. Mit Tomatensalat und Hirse wird daraus ein Sommeressen

Auf diese Art können alle frischen, ausgekernten Bohnen- und Erbsensalate zubereitet werden. Getrocknete Bohnen müssen (wie alle Hülsenfrüchte) 12 Std. eingeweicht werden und dann, je nach Sorte, 30–60 Minuten in Würzwasser gekocht werden

Puffbohnen (Vicia faba L.)

Knabberbohnen

200 g frische Feuerbohnen oder Puffbohnenkerne	im Würzwasser 5 Minuten sieden, gut abtropfen lassen
Fritieröl	die Bohnen darin goldbraun backen, herausnehmen, abtropfen lassen
½ Teelöffel Salz ½ Teelöffel Liebstöckel, gehackt ½ Teelöffel Bohnenkraut, gehackt ½ Teelöffel Basilikum, gehackt	in Schüssel geben, mit den heißen Bohnen gut durchmischen, auskühlen lassen

In Portugal werden solche Salzbohnen ohne Kräuter und meist aus getrockneten, geschälten Bohnen zubereitet, anstelle von Salzmandeln zum Knabbern serviert

Mexikanischer Bohnentopf

100 g getrocknete Bohnenkerne★ 100 g getrocknete Maiskörner★	12 Stunden einweichen, Wasser absieben und aufkochen
400 g Rindfleisch	zusammen mit Bohnen und Mais 45 Minuten leicht kochen lassen, Fleisch in große Stücke schneiden
2 Eßlöffel Öl	erhitzen, Fleisch darin anbraten
400 g Paprika (rot), in feine Streifen geschnitten 1 Zwiebel, gehackt	zum Fleisch geben und gut durchdämpfen, Bohnen, Mais und Wasser beigeben
Pfeffer und Salz	würzen, 15–20 Minuten sieden lassen
1 dl Rotwein 1 Teelöffel Honig	beigeben, aufkochen und anrichten

★ Wenn frische Bohnenkerne und frische Maiskörner verwendet werden, werden diese erst mit den Paprika und den Zwiebeln dem Gericht beigegeben. Bohnen (Hülsenfrüchte) und Mais ergänzen sich zu hochwertigem Eiweiß, daher wird dieser Topf von den Indios (woher das Rezept auch stammt) immer ohne Fleisch zubereitet

Succotasch

(ein Rezept der Indios, der großen Bohnenkenner)

150 g Bohnenkerne 200 g ganze Maiskörner	12 Stunden einweichen, in Pfanne geben, aufkochen
Zwiebel, mit Nelken besteckt Lorbeerblatt	beigeben, 10 Minuten stark kochen, 50 Minuten ziehen lassen. Wasser sollte aufgesogen sein. Lorbeerblatt und Nelke herausnehmen
2 dl Rahm	beifügen
Salz, Pfeffer	evtl. nachwürzen

frische Bohnenkerne (450 g) und Maiskörner (600 g) nur 20–30 Minuten kochen

Buschbohnen, Stangenbohnen, Feuerbohnen (Phaseolus, div. spec.)

Broccoli

Broccoli gehört zur großen Kohlfamilie – was sich leicht von seinen verschiedenen Namen ablesen läßt: grüner Spargelkohl, Sproßkohl, Bröckelkohl etc. Innerhalb der weitverzweigten Familie gehört er zu den Vorfahren des Blumenkohls.

Kleinasien und die Mittelmeerländer sind die eigentliche Heimat des Broccoli. Seine weite Verbreitung bei uns verdankt der Broccoli zum einen den südländischen Gastarbeitern, deren große Nachfrage den Import nördlich der Alpen erst ins Rollen brachte, und zum anderen den modernen Tiefkühlverfahren. Broccoli ist sehr heikel und kann weite Transporte schlecht überstehen. Vielerorts wandert der geerntete Broccoli daher direkt in die Gefrieranlagen der Lebensmittelkonzerne.

In der Schweiz und in Süddeutschland wird der Broccoli erst seit wenigen Jahren – und ausschließlich für den Frischmarkt – angebaut.

Broccoli ist ein sehr feines Blütengemüse, eine eigentliche Delikatesse, die im Geschmack eher an Grünspargel denn an Kohl erinnert. Broccoli ist reich an Vitamin C, Karotin und Mineralstoffen.

Broccoli, von dem sowohl die Blumen als auch die Blütenstandäste gegessen werden, kommt meist grün auf den Markt. Es gibt aber auch rote, blaue und violette Züchtungen. Die Broccolipflanzen bilden nach dem Schneiden immer wieder neue Blütenköpfe, welche etwas kleiner, aber nicht minder delikat als die ersten sind.

Erntezeit:	August bis September
Aufbewahren:	Bei 0–5 °C. Broccoli sollte möglichst frisch genossen werden, da er sonst an Zartheit und Farbe verliert.
Vorbereiten:	Blütenstände gut unter fließendem Wasser abspülen. Sehr große und kompakte Blütenstände eine halbe Stunde in etwas Salzwasser einlegen: vertreibt das Ungeziefer.
Zubereiten:	Roh, sieden im Dampf.
Passende Kräuter und Gewürze:	Dill, Estragon, Kerbel, Petersilie, Schnittlauch
Überschüsse:	Sterilisieren.
Hinweise:	Broccoli kann roh in Salatmischungen verwendet oder nach allen Blumenkohlrezepten zubereitet werden. Al dente gekochter Broccoli kann wie Spargel mit verschiedenen Saucen gegessen werden. Auch die *Spargelsuppe* (S. 35) schmeckt mit Broccoli zubereitet vorzüglich. Statt *Cima di rapa mit Orechietti* (S. 65) kann auch *Broccoli mit Orechietti* zubereitet werden. Da Broccoli eine bedeutend kürzere Kochzeit hat als Orechietti, muß dieser separat (3–5 Minuten) gekocht werden. Das Gemüsewasser nicht weggießen: zum Kochen der Teigwaren weiterverwenden!

Broccolisalat

Broccoli im Dampf al dente kochen und mit der gleichen Sauce wie beim *Rohen Blumenkohlsalat* (S. 50) mischen.

Kann auch roh, dann etwas zerkleinert, in Salatmischungen verwendet werden.

Variante: Als Dip servieren (roh oder gekocht)

Broccoli mit Buchweizen

1 kg Broccoli	sieden im Dampf (5–7 Minuten) und auf vorgewärmter Platte anrichten
5 Eßlöffel Buchweizen 20 g Butter	rösten, über dem angerichteten Broccoli verteilen

Knusperli

600 g Broccoli	in baumnußgroße Stücke schneiden
20 g Butter	erhitzen, Broccoli darin unter ständigem Rühren rösten, anrichten
100 g Greyerzer	reiben, dazu servieren

Broccoli (Brassica oleracea L. var. botrytis L. subvar. asparagoides Lam.)

Broccoli italienisch

800 g Broccoli	im Dampf knackig sieden (2–4 Minuten), gut abtropfen
3 Eßlöffel Olivenöl	erhitzen, Broccoli darin wenden
3 Knoblauchzehen, gehackt	beigeben
1 dl Weißwein	ablöschen
Pfeffer, Salz	würzen, 2 Minuten leise kochen

Broccoli mit Pilzen

2 Eßlöffel Butter 1 Zwiebel, gehackt	dämpfen
200 g Pilze 600 g Broccoli	in baumnußgroße Stücke schneiden, Pilze und Broccoli kurz mitdämpfen
½ dl Wasser	ablöschen
1 Knoblauchzehe, gepreßt etwas Pfeffer, Salz Kerbel oder Petersilie, gehackt	würzen, 5–7 Minuten leise kochen
wenig Rahm	beigeben und anrichten

Broccoli mit Mandelsauce

20 g Butter 1 Zwiebel, gehackt	dämpfen (5 Minuten)
1 dl Weißwein	ablöschen
1 dl Rahm oder Milch 1 Eßlöffel Mehl	anrühren und sorgfältig in Weinsauce gießen, mit Schneebesen gut verrühren, 5 Minuten leise kochen
50 g Mandelsplitter wenig Butter	Mandeln rösten, dann in Sauce geben
Pfeffer, Salz	würzen
1 kg Broccoli	im Dampf (5–7 Minuten) al dente sieden und anrichten. Sauce darübergeben oder diese separat servieren

Catalogna/Blattzichorie

Catalogna, auch Blattzichorie genannt, ist in südlichen Ländern heimisch und war nördlich der Alpen bis vor kurzem praktisch unbekannt. In Mittel- und Nordeuropa eingeführt und bekanntgemacht haben sie, wie z. B. auch die Cima di rapa, die italienischen Gastarbeiter. Inzwischen werden beide Gemüse auch hier angebaut, wenn auch nur vereinzelt.

Catalogna gehört, wie Chicorée, Cicorino, Zuckerhut und Endivie, zu den Zichorien. All diese Salate und Gemüse aus der Familie der Korbblütler weisen einen hohen Gehalt an Bitterstoffen auf, die sich auf die Verdauung und die Blutgefäße günstig auswirken. Auf diesem Gebiet läuft die sehr gesunde und bekömmliche Catalogna ihren Verwandten gar den Rang ab.

Den meisten Zichoriengewächsen ist zudem gemeinsam, daß sie stark harntreibend wirken. Dies gilt neben der Catalogna vor allem auch für den Löwenzahn. Diese Eigenschaft hat ihnen in Frankreich den Namen »Pissenlit« (Bettnässer) eingetragen, und auch im deutschen Sprachraum, z. B. im Wallis, sind Bezeichnungen wie »Seich-Meien« (Pinkel-Blumen) und ähnliches sehr verbreitet.

Die löwenzahnartigen Blätter der vitamin- und mineralstoffreichen Catalogna können roh – das gilt vor allem für die zarten Herzblätter – oder gekocht, als leicht bitteres Gemüse, zubereitet werden.

Erntezeit:	Juli bis September
Aufbewahren:	2–3 Tage bei 0–5 °C
Vorbereiten:	Strunk etwas einkürzen, gut waschen.
Zubereiten:	Roh, dämpfen, sieden im Dampf oder im Würzwasser.
Passende Kräuter und Gewürze:	Basilikum, Rosmarin, Thymian
Überschüsse:	Dörren
Hinweise:	Für die Zubereitung des Catalogna können auch Spinat-, Schnittmangold-, Neuseeländerspinat- und Chicoréerezepte verwendet werden. Als Salat kann Catalogna wie *Chinakohl riche* (S. 118) zubereitet werden.

Dreifarbige Terrine

(am Vortag zubereiten)
500 g Sellerie
500 g Rüebli, Karotten
500 g Catalogna

    Jedes Gemüse separat kleinschneiden, in der angegebenen Reihenfolge (wegen des Verfärbens) 10–15 Minuten im Dampf sieden. Jedes Gemüse separat in eine Schüssel pürieren (gleiche Reihenfolge, Passiergerät muß nicht ausgewaschen werden) auskühlen lassen

Selleriekraut, gehackt
Oregano, gehackt

    zu Sellerie geben

Petersilie, gehackt
Dill, gehackt

    zu Rüebli geben

1 Knoblauchzehe, gepreßt
Thymian

    zu Catalogna geben

6 Eier
6 Eßlöffel Mehl
Salz, Pfeffer

    gut verrühren, auf die 3 Schüsseln verteilen, mischen, die Massen abschmecken. Terrine- oder Puddingform gut fetten. Die Gemüsepürees in beliebiger Farbfolge nacheinander in die Form füllen, im Wasserbad 1 Stunde ziehen lassen

    Garprobe: Beim Einstechen bleibt nichts am Messer kleben, und es ergibt einen sauberen Schnitt; die Masse löst sich leicht von der Form. Auskühlen lassen, stürzen

6 Eßlöffel Sonnenblumenkerne

    rösten, darüberstreuen

Variante: Warm mit *Gorgonzolasauce* (S. 104) servieren. Kann auch aus Gemüse- und Kartoffelresten hergestellt werden

Catalognaschnitten

8 Brotscheiben
Butter

    beidseitig dünn mit Butter bestreichen. In Bratpfanne auf einer Seite goldbraun rösten

800 g Catalogna

    dämpfen wie *Catalogna vite* (ohne Knoblauch) und auf die gebräunte Seite der Brotschnitten verteilen

150 g Schaf- oder Ziegenkäse

    in 8 Scheiben schneiden, auf Catalogna legen und die Schnitten in Bratpfanne mit geschlossenem Deckel nochmals 2–3 Minuten braten. Sofort anrichten

Catalognasalat

600 g Catalogna	im Dampf al dente kochen, abtropfen und etwas auskühlen lassen
2 Eßlöffel Zitronensaft Salz, Pfeffer	gut verrühren
Olivenöl	beigeben, rühren, über die warme oder kalte Catalogna verteilen

Catalogna vite

800 g Catalogna	in 2 cm lange Streifen schneiden
2 Eßlöffel Olivenöl 6 Knoblauchzehen	mit Catalogna dämpfen
Basilikum, gehackt Pfeffer, Salz	würzen, dämpfen, bis Catalogna gar ist

Catalogna (Cichorium intybus L. var. foliosum Hegi)

Cima di rapa/Stengelkohl

Cima di rapa ist ein typisch südländisches Gemüse und ein enger Verwandter der Speiserübe. Beide Gemüsearten teilen sich einen gemeinsamen Urahn, das Unkraut Brassica campestris L. Aus der wilden Stammpflanze sind zwei Kulturformen entstanden: die Speiserübe mit wenig ausgeprägter Laubbildung und Cima di rapa mit feinen Wurzeln und kräftigem, langstieligem Blattwerk.

Kreuzblütler, denen die Kohlgemüse und damit die Cima di rapa zugeordnet werden, zeichnen sich dadurch aus, daß jeder Pflanzenteil verdicken und als Gemüse gegessen werden kann:

Blütenstand:	Blumenkohl, Broccoli
Augen:	Rosenkohl
Stengelblätter:	Weiß-, Rot-, Spitz- und Einschneidekohl, Wirsing, China- und Federkohl
Stengel:	Kohlrabi, Pak-Choi und Cima di rapa
Wurzel:	Bodenkohlrabi, Mai- und Herbstrüben

Cima di rapa sieht der Catalogna – der äußeren Form nach – ziemlich ähnlich. Beide Gemüsepflanzen bilden etwa 70 cm lange Blattstiele aus – bei der Catalogna sind sie weiß, bei der Cima di rapa grün –, die in einem dichten Blattbüschel zusammengehalten werden. Botanisch haben die beiden Gemüse allerdings nichts miteinander zu tun. Catalogna ist ein Korbblütler aus der Familie der Zichoriengewächse, Cima di rapa ein Kohl, der, was den Kohlgeschmack angeht, seine Verwandtschaft nicht leugnen kann. Beiden Gemüsearten ist gemeinsam, daß wir ihre Verbreitung in Mitteleuropa den italienischen Gastarbeitern verdanken. Sie haben mit ihrer Nachfrage den Markt vorbereitet. Inzwischen werden beide Gemüsearten in kleinen Mengen auch nördlich der Alpen angebaut.

Erntezeit:	Juli bis September
Aufbewahren:	2–3 Tage bei 0–3°C
Vorbereiten:	Strunk einkürzen, gut waschen.
Zubereiten:	Roh, dämpfen, sieden im Dampf oder im Würzwasser.
Passende Kräuter und Gewürze:	Basilikum, Liebstöckel, Rosmarin, Thymian
Hinweise:	Cima di rapa kann auch nach dem Rezept *Chinakohl riche* (S. 118) zubereitet werden.

Cima di rapa mit Orecchietti

2 l Wasser, Salz	sieden
1 kg Cima di rapa	beigeben, 1 Minute sprudeln lassen
350 g Orecchietti (oder andere Teigwaren)	beigeben. Sobald sie al dente sind, Wasser abgießen
8 Sardellenfilets	Öl abgießen
3 Eßlöffel Olivenöl	zusammen mit den Sardellen zu einer sämigen Sauce verrühren
4 Knoblauchzehen, gepreßt Pfeffer, Salz	der Sardellen-Öl-Paste zugeben, in einer Bratpfanne erwärmen, Orechietti und Cima di rapa beigeben, umrühren und anrichten

Gedämpfte Cima di rapa

800 g Cima di rapa	in 2 cm lange Streifen schneiden
2 Eßlöffel Olivenöl 1 Zwiebel, gehackt	mit Cima di rapa dämpfen
Kräuter, gehackt Salz	würzen und weiterdämpfen, bis Cima di rapa gar ist
1 Eßlöffel Essig	beigeben, aufkochen und anrichten

Cima di rapa (Brassica rapa var. cymosa)

Gemischte Cima di rapa

800 g Cima di rapa	in 2 cm lange Streifen schneiden und in Dampf weich sieden (5–7 Minuten)
20 g Butter	in Pfanne zergehen lassen
1 Zwiebel, gehackt 3 Knoblauchzehen, gepreßt Schnittlauch, geschnitten Thymian, gehackt Rosmarin, gehackt Salz	in Butter dämpfen
500 g Tomaten	achteln und mitdämpfen (4–5 Minuten). Die Cima di rapa, wenn sie gar sind, beigeben, gut umrühren und anrichten. Ist auch als Omelettefüllung geeignet

Cima di rapa-Strudel

300 g Mehl	in Schüssel geben
1½ dl Milch 2 Eßlöffel Öl 1 Prise Salz	gut verklopfen, in Mehl einrühren, Teig aus Schüssel nehmen und elastisch kneten. 1 Stunde ruhen lassen (unter feuchtem Tuch). Auf bemehltem Tuch 1 mm dünn auswallen
Cima di rapa	Füllung (wie *Gedämpfte Cima di rapa,* S. 65) zubereiten und etwas auskühlen lassen. Auf Teig verteilen. Teigränder 1 cm einschlagen, mit Wasser befeuchten. Sorgfältig aufrollen und auf bebuttertes Kuchenblech legen
40 g Butter, flüssig	Strudel bestreichen, bei 220°C 30–35 Minuten backen. 1–2mal mit restlicher flüssiger Butter bestreichen

Evtl. 2 kleine Strudel formen, das verkürzt die Backzeit. Mit Salaten gereicht, ergibt der Strudel eine vollständige Mahlzeit. Reste können auch kalt gegessen werden

Stichwort: **Biologische Anbauformen.** Ziel des biologischen Landbaus ist ein Verhalten der Natur gegenüber, das uns allen ein Überleben auf dieser Erde sichert. Mit der biologischen Wirtschaftsweise gibt es keine Überdüngung von Seen, denn es gibt keine Tierfabriken und damit keine Importe von Futtermitteln aus der Dritten Welt. Der biologische Landbau bemüht sich um eine standortgerechte Sortenwahl, sinnvolle Fruchtfolgen, bewährte Mischkulturen und eine ausgewogene Humusschicht für artenreiche Lebensräume und kommt so ohne künstliche Düngemittel und Pestizide etc. aus. Weil chemisch-synthetische Stoffe gar nicht erst verwendet werden, tauchen deren Rückstände weder im Boden, noch im Grundwasser wieder auf.

Der biologische Landbau vertritt eine Idee, die in der Praxis auf unterschiedliche Art und Weise umgesetzt wird. Auch wenn die verschiedenen biologischen Anbausysteme sich in gewissen Punkten unterscheiden, weisen sie doch eine Anzahl gemeinsamer Merkmale auf:

- Ganzheitliche Betrachtungsweise, Kreislaufdenken: Der Betrieb wird als Einheit, als Organismus verstanden.
- Erwünschte Lebensprozesse werden gefördert: Die Pflanzen werden indirekt über die Bodenlebewesen mit Nährstoffen versorgt.
- Vielseitiger standortangepaßter Betrieb: Auf die Erhaltung der Bodenfruchtbarkeit wird viel Sorgfalt verwendet.
- Die Erntemenge ist nicht der einzige Faktor für den Betriebserfolg.

Die verbreitetsten Richtungen des biologischen Landbaus sind:

Biologisch-dynamischer Landbau (Demeter). Rund 900 Bauern in der Schweiz und in der Bundesrepublik wirtschaften nach dieser ältesten Methode des biologischen Landbaus. Besonderheiten dieser Ausrichtung sind der geistige Hintergrund der Anthroposophie Rudolf Steiners und die starke Betonung des Betriebsorganismus. Im praktischen Bereich sind es die Berücksichtigung kosmischer Konstellationen beim Zeitpunkt von Saat-, Ernte- und Pflegemaßnahmen, die Anwendung verschiedener Präparate in homöopathischen Dosen sowie die Kompostierung des Mistes an Haufen.

Organisch-biologischer Landbau (Bioland/Biofarm). Diese meistverbreitete Bio-Anbaumethode ist nach dem 2. Weltkrieg entstanden. In der Schweiz und in Deutschland bauern rund 1600 Betriebe nach dieser Methode, die sich nur wenig von den (oben aufgeführten) allgemeinen Merkmalen des biologischen Landbaus abhebt. Als Besonderheit ist die Aufbereitung und Verwendung hofeigenen Düngers durch Flächenkompostierung zu erwähnen. Dabei wird der frische Mist nicht in Haufen, sondern auf den Feldern verteilt kompostiert. Neben den hofeigenen Düngern werden auch spurenelementreiche Gesteinsmehle, Thomasmehl und (allerdings nur bei nachgewiesenem Mangel) Patentkali verwendet.

Erbse

Die Erbse ist ein altes Gemüse. So fand man Erbsen aus der Zeit um 6000 v. Chr. in den Vorratskammern von Jericho. Die Heimat der Erbse wird im Orient, in Westasien, vermutet, von wo aus sie schnell den Weg nach Westen und Norden gefunden hat. Schon um 5000 v. Chr. – alte Gräberfunde aus der jüngeren Steinzeit belegen dies – war die Erbse auch in Mitteleuropa bekannt und verbreitet.

Bis weit ins Mittelalter hinein fand die Erbse nur als reifes Korn Verwendung. Die Hülsenfrucht galt als Grundnahrungs- und Heilmittel gegen Ausschläge, schwärende Wunden, Warzen, Hühneraugen und Zahnweh.

Daß Erbsen auch grün, d. h. in unreifem Zustand, gegessen werden können, scheint eine Entdeckung der Dogen von Venedig bzw. deren Köche gewesen zu sein. Auf sie soll das bekannte Risi-Pisi zurückgehen. Enthülste Erbsen blieben lange eine Rarität und waren dem Adel vorbehalten. Am Hof des Sonnenkönigs z. B. waren die grünen Perlen Ministern und Mätressen vorbehalten, und in England soll im 15. Jahrhundert sogar ein Dekret verabschiedet worden sein, das den ärmeren Schichten den Genuß schlichtweg verbot.

Eine Besonderheit sind grüne Erbsen leider auch heute wieder: Vom Frischmarkt sind sie praktisch verschwunden, sie werden fast ausschließlich als Konserven- oder Tiefkühlgemüse angeboten. Ganz anders die *Kefe,* auch Kiefel-, Zuckererbse oder Mangetout genannt. Das königliche Gemüse mit dem aparten Geschmack, das, wie sein französischer Name »Mangetout« andeutet, nicht enthülst zu werden braucht, ist im Sommer in ausreichenden Mengen zu haben, ebenso wie die *Knackerbse.*

Im Gegensatz zur Kefe, die bereits im 16. Jahrhundert bei uns eingeführt worden ist, handelt es sich bei der Knackerbse um eine Neuschöpfung, die ihrem Erfinder die Goldmedaille der Vereinigung der amerikanischen Samenhändler eingebracht hat. Die Qualitäten der kaum zehn Jahre alten Knackerbse sind denn auch wirklich erstaunlich. Im Gegensatz zu den Kefen werden ihre Hülsen niemals zäh, und ganz anders als bei den Erbsen fallen bei den Knackerbsen praktisch keine Abfälle an. Knackerbsen können roh oder gekocht, mit oder ohne Hülsen gegessen werden.

Erbsengemüse ist sehr eiweißreich und nahrhaft. Frische Erbsen weisen beachtliche Mengen an Vitamin B und E und reichlich Kohlenhydrate auf. Getrocknete Erbsen enthalten viel Kalium, Phosphor, Natrium und Vitamin A. Je reifer die Erbsen, um so größer ihr Eiweißgehalt, und um so größer auch die Schwierigkeiten bei der Verdauung.

Erbsen sollen muskel- und knochenfestigende und – so wird aus Bengalen überliefert – auch empfängnisverhütende Wirkung zeitigen. Dennoch ist vor allzu üppigem Erbsenschmaus abzuraten: Mit Blähungen und Verdauungsbeschwerden muß gerechnet werden.

Erbsen

Erntezeit:	Juli
Aufbewahren:	Je frischer, desto zarter und süßer. Sie lassen sich ca. 3–4 Tage lagern bei 0–5 °C. Gartenfrisch sind sie in 7–8 Minuten gar, sobald mehr als 1 Tag alt, 15 Minuten und länger.
Vorbereiten:	Hülsen öffnen, Erbsen herauslösen und kurz abspülen. 1 Kilo Erbsen gibt ca. 600 g Abfall.
Zubereiten:	Dämpfen, sieden im Dampf oder im Würzwasser. Ohne Deckel gekocht, bleiben die Erbsen schön grün.
Passende Kräuter und Gewürze:	Dill, Kerbel, (Pfeffer-)Minze, Salbei
Überschüsse:	Auswachsen lassen und trocknen, sterilisieren.

Kefen

Erntezeit:	Ende Juni bis Anfang Juli
Aufbewahren:	Höchstens 1–2 Tage bei 0–5 °C aufbewahren. Die Kochzeit verlängert sich 6–8 Stunden nach der Ernte bereits um 5–10 Minuten.
Vorbereiten:	Stielansatz und Spitze abschneiden. Große Kefen abfädeln.
Zubereiten:	Dämpfen, sieden im Würzwasser (ohne Deckel, damit sie grün bleiben).
Passende Kräuter und Gewürze:	Petersilie, Schnittlauch
Überschüsse:	Dörren, sterilisieren.
Hinweise:	Kefen, das »königliche Gemüse«, sollten möglichst unverfälscht zubereitet werden. Dadurch bleibt die Rezeptauswahl eher klein.

Knackerbsen

Erntezeit:	Juli
Aufbewahren:	Höchstens 2–3 Tage bei 0–5 °C aufbewahren. Am besten schmecken sie gartenfrisch.
Vorbereiten:	Wie Kefen, brauchen nicht abgefädelt zu werden. Große Exemplare aufknacken und nur Erbsen verwenden.
Zubereiten:	Wie Kefen, mit einem gewichtigen Unterschied: Damit die Knackerbsen ihre intensive Farbe beim Kochen nicht verlieren, muß die Pfanne gut verschlossen bleiben.
Passende Kräuter und Gewürze:	Kerbel, Knoblauch, Minze, Schnittlauch
Hinweise:	Knackerbsen können auch nach den Erbsen- und Kefenrezepten zubereitet werden (Knackerbsen haben längere Kochzeiten als Kefen).

Erbsensalat

500 g frische Erbsen	in Würzwasser 5–10 Minuten sieden, abtropfen lassen und in Schüssel geben
150 g Siedfleisch, gekocht	in kleine Würfel schneiden, den Erbsen beigeben
1–2 Rüebli	in sehr feine Scheiben schneiden, beigeben
3 Eßlöffel Essig Thymian, gehackt Salbei, gehackt Majoran, gehackt Senf, Salz	mit Schneebesen gut verrühren
1 kleine Zwiebel	mit feiner Raffel hineinraffeln
4 Eßlöffel Sonnenblumenöl	beigeben, rühren und dann über Gemüse und Fleisch gießen, mischen
2 Scheiben Brot, Würfel 10 g Butter	Brot darin rösten und über den angerichteten Salat streuen
Petersilie, gehackt	darüberstreuen

Erbsen vite

500 g frische Erbsen 20 g Butter	Erbsen 10–15 Minuten darin dämpfen. Evtl. etwas Wasser beifügen, da die Erbsen abgedeckt gekocht werden sollten
Kerbel, gehackt	beifügen und anrichten

Erbsenpüree als Brotaufstrich

350 g frische Erbsen	in Würzwasser 10 Minuten sieden, Wasser abgießen, Erbsen mit dem Passevite pürieren
2–3 dl Rahm	mit Erbsen verrühren
3 Pfefferminzblätter	sehr fein hacken und mit der Masse verrühren
Pfeffer, Salz	würzen. Es sollte eine streichfähige Masse entstehen. Falls zu dick, noch etwas Erbsenwasser oder Rahm beigeben. Mit Brot und Salat ergibt das eine Mahlzeit

Getrocknete Erbsen: 12 Stunden einweichen, danach 10 Minuten kräftig kochen und 40–50 Minuten ziehen lassen. Wie frische Erbsen weiterverarbeiten. 350 g frische Erbsen entsprechen 150 g getrockneten Erbsen. Dieser Brotaufstrich läßt sich 4–5 Tage kühl aufbewahren (Vorrat für Sandwiches)

Erbsensuppe mit Gnagi (Schweinsfüßchen, Winterrezept)

500–600 g Gnagi 250 g gelbe Erbsen	während 12 Stunden einweichen. Wasser weggießen. Gnagi sind oft zu stark gesalzen. Durch das gleichzeitige Einlegen mit den Erbsen wird das Salz etwas gelöst und kann so mit dem Wasser weggegossen werden
2 l Wasser 1–2 Zwiebeln, mit Nelken besteckt, Lorbeerblatt	die Erbsen darin zum Kochen bringen
1 Rüebli	in feine Scheiben schneiden
1 Lauch	in dünne Streifen schneiden. Das Gemüse zu den siedenden Erbsen geben. Fleisch beigeben und das Ganze 1 Stunde leise kochen lassen. Lorbeerblatt und Nelken herausnehmen
75 g Grünkern	beigeben, weitere 30–40 Minuten kochen. Gnagi herausnehmen und in mundgerechte Stücke schneiden. Diese zurück in die Suppe geben
Kerbel Federkohl	sehr fein schneiden, in Suppenschüssel geben, Suppe darüber anrichten
2–3 Scheiben Brot	würfeln, in Butter rösten und zur Suppe servieren

Eine vollständige, wärmende Mahlzeit. Bevor der Grünkern und das geschnittene Gnagi beigegeben wird, kann die Suppe auch püriert werden, sie wird dann etwas sämiger

Erbsen auf französische Art

500 g frische Erbsen 10–12 kleine Zwiebeln, geschält 1 Büschel Kerbel	im Wasser, welches das Gemüse nur knapp bedecken soll, kochen
1–2 kleine Lattich	vierteln, nach 10 Minuten Kochen beigeben und noch weitere 5 Minuten kochen. Das Wasser (Bouillon) abgießen, Kerbelbüschel herausnehmen
40 g Butter	beigeben. Das Ganze bei mäßiger Hitze weiterschmoren lassen. Dabei ab und zu schütteln, bis sich eine sämige Sauce gebildet hat
1 Prise Zucker	beigeben, umrühren, bis die Erbsen glänzen, anrichten

Minzenerbsen

500 g frische Erbsen	in Würzwasser 10 Minuten sieden. Abtropfen lassen und in vorgewärmter Schüssel anrichten
2–3 Pfefferminzblätter (grüne, englische Minze)	sehr fein gehackt darüberstreuen
20–30 g Butter 1 Prise Zucker	dazugeben, mit Löffel kurz umrühren und evtl. mit Minzenblättern garnieren

Erbsensuppe

600 g frische Erbsen 1 l Wasser 3 Minzenblätter 1 Zweig Majoran	alles zusammen 15 Minuten kochen. Im Passevite pürieren
evtl. Salz	beigeben, nochmals aufkochen
Kerbel, gehackt	in Suppenschüssel geben. Suppe darüber anrichten
100 g Greyerzerkäse, gerieben	dazu servieren

Erbse (Pisum sativum L.)

Kefensalat

600 g Kefen	in Würzwasser knapp weich kochen (5–10 Minuten), gut abtropfen lassen
2 Eßlöffel Essig Schnittlauch, gehackt Senf Pfeffer, Salz	mit Schneebesen gut verrühren
4 Eßlöffel Sonnenblumenöl	beigeben, nochmals gut rühren, über die warmen Kefen gießen und umrühren. 10–15 Minuten ziehen lassen
1 Rüebli	in feine Streifen schneiden
6–8 Radieschen	in feine Scheiben schneiden
	Salat nochmals aufrühren, mit Rüebli und Radieschen bestreuen und servieren

Kefen, gedämpft

800 g Kefen 20 g Butter 1 Zwiebel, gehackt	mit Kefen unter ständigem Rühren und abgedeckt dämpfen (10–15 Minuten)
1 Knoblauchzehe, gepreßt	beigeben, umrühren, anrichten
Petersilie, gehackt	darüberstreuen. Mit geschroteter, gekochter Gerste und Ziegenkäse servieren. Zur Abwechslung auch natur, ohne Zwiebeln und Knoblauch, zubereiten

Kefen

Knackerbsen im Dinkelring

250 g Dinkel	
7 dl Wasser	miteinander aufkochen, 10 Minuten stark kochen, Dinkel auf abgeschalteter warmer Platte 40 Minuten quellen lassen. Nochmals aufkochen. Im Ring auf vorgewärmter Platte anrichten
800 g Knackerbsen	
20 g Butter	
1 Zwiebel, gehackt	in Pfanne ohne Deckel und unter Rühren 10 Minuten dämpfen
1 Eßlöffel Mehl	sorgfältig auf die Erbsen streuen. Noch einige Male umrühren
1–2 dl Weißwein	dazugießen, gut rühren, aufkochen
Muskat	
Schnittlauch, gehackt	
Pfeffer, Salz	würzen, 10–15 Minuten leise kochen
½ dl Rahm	dazugeben, umrühren, nochmals kurz aufkochen und im Dinkelring anrichten. Mit einigen Ringelblumenblütenblättern bestreuen

Knackerbsen, polnisch

800 g Knackerbsen	in wenig Würzwasser während 10–15 Minuten weich sieden. Das Wasser sollte fast ganz eingekocht sein. Anrichten auf vorgewärmter Platte
2 Eier	sieden, in Würfelchen schneiden, auf Knackerbsen verteilen
3 Eßlöffel Paniermehl	über Knackerbsen streuen
30 g Butter	erwärmen
Liebstöckel, gehackt	
Petersilie, gehackt	in Butter kurz ziehen lassen, über die Erbsen gießen

Knackerbsen

Fenchel

Die Inder, die Chinesen, die Ägypter und die Araber kannten und nutzten den Fenchel ebenso wie die Griechen und Römer als Gewürz- und Heilpflanze. Den einen war er gegen Schlangenbisse gut, und den Frauen wurde er zur Vermehrung der Milchdrüsentätigkeit empfohlen. Er diente zur Stärkung und Beruhigung des Magens und zum Schärfen der Augen. Dunkle (melancholische) Gesichter sollte er aufhellen und Ohrwürmern den Garaus machen. Die Liste ließe sich beliebig fortsetzen. Kaum ein Leid, dem mit Fenchel nicht beizukommen gewesen wäre.

Als der Fenchel, vermutlich mit den Benediktinermönchen, nach Norden gelangte – im 9. Jahrhundert fand er sich bereits im Arzneikräutergarten des Kosters St. Gallen –, kam das Wissen um seine Heilkräfte auch dort rasch in Umlauf. Es hat sich, in abgeschwächter Form, bis heute erhalten: Fenchel – in Form von Tee, Sirup, Honig, Öl oder Tinktur – als Mittel gegen Husten, Heiserkeit, Asthma, Hautprobleme, Blähungen und Krämpfe, als Appetitanreger und Beruhigungsmittel findet sich in jeder Apotheke oder Drogerie.

Im Gegensatz zum wilden Fenchel und zum Süß- oder Gewürzfenchel, von denen bisher die Rede war, tat sich *Knollenfenchel* – was seine Verbreitung anbetrifft – eher schwer. Als Gemüsepflanze in Südeuropa schon im Mittelalter kultiviert, blieb er im mitteleuropäischen Raum bis zum Zweiten Weltkrieg praktisch unbekannt.

Knollenfenchel, der reichlich Vitamin C und E und verschiedene Mineralstoffe enthält, ist äußerst gesund. Darin steht er seinen beiden Verwandten aus der Familie der Doldenblütler (Rüben und Pastinaken) in nichts nach. Fenchel, roh oder gekocht, ist leicht verdaulich und eignet sich gut als Schonkost. Mit seinem typisch anisartigen Aroma schmeckt er sehr delikat. In Frankreich soll er, roh und fein geschnitten, gar als Dessert gereicht werden.

Erntezeit:	Sommerfenchel: Juli bis September Herbstfenchel: Mitte September bis Ende Oktober
Aufbewahren:	Bei 0–5 °C bis zu 14 Tagen, Herbstfenchel kann – mit eingekürzten Stengeln – bis zu einem Monat aufbewahrt werden.
Vorbereiten:	Kraut und Wurzel wegschneiden, Stengel (nach Bedarf) einkürzen, Knolle halbieren, waschen. Zarte Stengel und frisches Kraut können mitverwendet werden. Angeschnittenen Fenchel nicht liegenlassen, er verfärbt sich gerne.
Zubereiten:	Roh, Saft, dämpfen, sieden im Dampf.
Passende Kräuter und Gewürze:	Basilikum, Dill, Fenchelkraut
Überschüsse:	Sterilisieren
Hinweise:	Fenchel läßt sich nach verschiedenen Chicorée-, Stangensellerie- oder Mairübenrezepten oder wie *Topinambur vite* (S. 186) zubereiten. Wer eine Fenchelsuppe kochen mag, kann sich an das Rezept *Spargelsuppe* (S. 35) halten.

Fenchel in Essig (Kurzkonserve)

4 Knollen Fenchel	halbieren, im Würzwasser 7–10 Minuten al dente kochen
2 Knoblauchzehen, halbiert Dill, Kerbel Petersilie Fenchelkraut	Fenchel, Knoblauch und die Kräuter in ein hohes Gefäß (Glas, Keramik) einfüllen
½ l Würzwasser (warm) ½ l Essig (4%)	mischen, über das Gemüse gießen. Mindestens 2 Tage ziehen lassen. Nicht länger als 10 Tage aufbewahren. Das Essigwasser kann als Salatessig verwendet und bis 4 Wochen kühl aufbewahrt werden
	Servieren: Fenchelhälften in 5 mm dicke Scheiben schneiden, diese dachziegelartig anrichten
2 dl Rahm	steif schlagen und den aufgeschnittenen Fenchel verzieren
Petersilie, gehackt	daraufstreuen. Am besten schmeckt dazu Brot

Gratin de fenouil à la genevoise

6–8 kleine Fenchel	halbieren, im Dampf 10 Minuten sieden. Abtropfen lassen, in eine ausgebutterte Gratinform schichten
30 g Butter	schmelzen
30 g Mehl	beigeben, dämpfen, Pfanne (Chromstahl) von Platte nehmen
2 dl Milch 2 dl Fenchelwasser	unter ständigem Rühren dazugießen, Pfanne auf Platte, weiterrühren und eindicken lassen. 10–15 Minuten auf kleinem Feuer leise kochen lassen
2 Eigelb 1 dl Rahm 50 g Greyerzerkäse	verquirlen, zur Sauce rühren, die nun nicht mehr kochen darf
Muskat Salz	würzen. Sauce über Fenchel gießen, im vorgeheizten Ofen ganz oben 10 Minuten gratinieren

Hirse oder Mais ergänzen das Gericht zusammen mit einem Tomaten- (Sommer) oder Rüeblisalat (Spätherbst) sowohl farblich wie geschmacklich

Gefüllter Fenchel

12–16 Fenchelblätter

die äußeren, großen, ganzen Fenchelblätter der Knollen sorgfältig lösen. Das Innere für einen Salat verwenden. Im Dampf knackig weich sieden. In Gratinform legen, darauf achten, daß die Stengel immer nach außen zeigen. Das Auslaufen (unten, wo die Blätter offen sind) kann verhindert werden, indem immer 2 Blätter eng aneinandergeschoben werden

200 g Vollmilchquark
50 g Sbrinz, gerieben
2 Eigelb

glattrühren

Fenchelkraut
3 Eßlöffel Petersilie,
Dill, Basilikum

fein hacken, beigeben

evtl. etwas Salz und Pfeffer beigeben (Füllung wird durch Erwärmen pikanter). Gut umrühren

2 Eiweiß

steif schlagen, sorgfältig unter Füllung ziehen. Diese sofort in die Fenchelhälften einfüllen. Evtl. etwas Fenchelwasser in Form füllen. Im vorgewärmten Ofen bei 220° C 15 Minuten backen

Fenchel (Foeniculum vulgare Mill. var. azoricum)

Fenchel an Pilzsauce

4 Fenchel	halbieren
2 Eßlöffel Öl	in weiter Pfanne erwärmen. Fenchel mit Schnittfläche nach unten hineinlegen. Zugedeckt 10–15 Minuten dämpfen. Dabei dürfen die Schnittflächen goldbraun werden. Flüssigkeit abgießen, zur Seite stellen
1 dl Weißwein	beigeben
Fenchelkraut	mitkochen, bis Fenchelknollen gar sind
300 g Pilze	rüsten, waschen, kleinschneiden, auf kleinem Feuer zugedeckt dämpfen (je nach Sorte 3–10 Minuten). Flüssigkeit abgießen, zur Seite stellen
20 g Butter 1 Zwiebel, gehackt	dämpfen
2 Eßlöffel Mehl	kurz mitdämpfen, bis die Butter vom Mehl aufgesogen ist. Pfanne von Herdplatte nehmen
2 dl Fenchel- oder Pilzwasser	dazugießen, tüchtig rühren, Pfanne zurück auf Platte und unter ständigem Rühren eindicken
1 Knoblauchzehe, gepreßt Pfeffer, Salz	würzen, Pilze beigeben. 1–2 Minuten heiß werden lassen und über die angerichteten Fenchelknollen gießen
evtl. 1 Tomate	nur Fleisch (Mark für Bouillon verwenden) in kleine Würfel schneiden, über Fenchel streuen

Hirse oder Mais passen geschmacklich wie auch farblich gut dazu. Statt Pilzsauce: *Spinatsauce* (S. 39) oder *Käsemayonnaise* (S. 188)

Fenchel-Käse-Salat

3 Eßlöffel Essig Fenchelkraut, gehackt Pfeffer	mit Schneebesen gut verrühren
2 Eßlöffel Sonnenblumenöl 3–4 Eßlöffel Rahm	beigeben, nochmals gut rühren, bis es luftig und sämig wird
2–3 Knollen Fenchel	in Streifen schneiden (2–3 mm), in Sauce geben
100 g frischer Ziegenkäse* evtl. 1 Apfel	in Würfel schneiden und in Sauce geben
	* oder Brie oder frischer Zieger

Fenchel-Tomaten-Salat

400 g Tomaten	in Scheiben schneiden (4–5 mm)
1–2 Knollen Fenchel	in Streifen schneiden (2–3 mm)
Fenchelkraut	hacken
1 Zwiebel	in feine Streifen schneiden, mit Gemüse abwechslungsweise auf eine Platte schichten
3 Eßlöffel (Rotwein-)Essig 2 Knoblauchzehen, gepreßt Rosmarin, gehackt Basilikum, gehackt	mit Schneebesen gut verrühren
4 Eßlöffel (Oliven-)Öl	beigeben, nochmals gut rühren, über das angerichtete Gemüse geben, 10–20 Minuten ziehen lassen

Forelle auf Gemüsebeet

4 kleine oder 2 große Bachforellen	
Salz Zitronensaft	Fische damit marinieren
1 Fenchel, Streifen 1 Karotte, Würfel 1 Sellerie 20 g Butter 1 Zwiebel, gehackt	ca. 5 Minuten dämpfen. Die Hälfte der Gemüsemischung in eine ausgebutterte Gratinform geben. Die marinierten Forellen darauflegen und das restliche Gemüse darüber verteilen
Butterflocken 1 dl Weißwein	über das Gericht geben und 20 Minuten im vorgeheizten Backofen bei 230°C schmoren

In der Südschweiz, woher das Rezept ursprünglich stammt, wird zu den Forellen frisches Brot, Salat und Merlot serviert.

Gurke

Die Gurke ist eines der ältesten Kulturgemüse überhaupt. In Indien soll es dieses Gemüse aus der Familie der Kürbisgewächse bereits um 4000, in Ägypten um 2000 Jahre v. Chr. gegeben haben. Aus unerfindlichen Gründen hat es Jahrhunderte gedauert, bis die Gurke um 600 v. Chr. den Sprung über das Mittelmeer nach Griechenland schaffte. Dort war sie wohlgelitten. Sie diente nicht nur als Speise, Gurkensaft wurde auch zur Vertreibung von Wanzen und Maulwürfen eingesetzt. Die Griechen trugen Gurkensamen als Amulette und schrieben ihnen empfängnisfördernde Wirkung zu. Ob die Römer mit den Gurken auch das vielfältige Wissen um ihre Kräfte von den Griechen übernahmen, ist nicht überliefert. Durch die Ausbreitung des Römischen Reiches gelangte die Gurke nach Süd- und Mitteleuropa und mit den spanischen Eroberern schließlich nach Amerika. Die Gurke hat weltweite Verbreitung gefunden.

Nicht gerade aus aller Welt, aber doch aus verschiedener Herren Länder kommen die Gurken auf unsere Tische. Die sogenannten *Haus-* oder *Schlangengurken,* die jahraus, jahrein in den Supermärkten ausliegen, gehören zu den Standardkulturen der europäischen Gewächshäuser. Im Freien gezogene Salatgurken sind nur im Sommer erhältlich, ebenso wie die etwas dickeren Nostranogurken, die weniger als Salat, sondern vielmehr zum Füllen und Kochen verwendet werden, und die Einleg- und Schälgurken, die wir hauptsächlich als Gewürzgurken bzw. Cornichons oder als Essig- und Senffrüchte kennen.

Die Gurke ist ein kulinarisches Leichtgewicht, eine der kalorienärmsten Gemüsearten überhaupt. Neben reichlich Vitamin A und C enthält sie wichtige Mineralstoffe wie Jod, Kalzium und Phosphor und zudem noch ein dem Insulin verwandtes Ferment, das sie auch für Diabetiker empfehlenswert macht. Gurken sollen blutreinigend und wassertreibend wirken und gut sein gegen Rheuma und Gicht. Auch in der Kosmetik finden Gurken häufig Verwendung.

Gurkensalat ist leichter verdaulich, wenn er 20–30 Minuten ziehen kann. Ganz frisch ist er knackiger, aber dem Magen weniger gut zuträglich. Gurkensalat für den »Direktverzehr« sollte darum immer mit etwas Joghurt angemacht werden.

Erntezeit:	Juli bis September: Da sich im reifen Zustand die Schale verhärtet, werden Gurken eigentlich unreif geerntet.
Aufbewahren:	3–5 Tage bei 8–12°C
Vorbereiten:	Gut waschen: Nur bittere Gurken – dem Stielansatz eine Probe entnehmen und kosten – brauchen geschält zu werden. In diesem Fall empfiehlt es sich, die Gurke immer von der Blüte zum Stiel hin zu rüsten, so können sich die Bitterstoffe, die vorab im Stielansatz sitzen, nicht über die ganze Frucht verteilen.
Zubereiten:	Roh, Saft, dämpfen.
Passende Kräuter und Gewürze:	Dill, Liebstöckel, Kümmel, Oregano
Überschüsse:	Sterilisieren (Delikateß-, Gewürz-, Senf- und Zuckergurken), einsäuern (Salz-, Essiggurken).
Hinweise:	Ideen zur weiteren Zubereitung finden sich bei den *Zucchettirezepten.*

Gurkensalat

1 Salatgurke	in kleine Würfel schneiden
Dill, gehackt oder Minze, gehackt 1 Zwiebel, gehackt; Salz 1 Prise Zucker 1 dl Joghurt, natur	mit dem Schneebesen luftig rühren und über die Gurkenwürfel gießen, umrühren
3–4 Radieschen	in Scheiben schneiden und über den Salat streuen

Minze, Joghurt und Gurken sind Zutaten, die in ihrer Kombination auf balkanischen Ursprung schließen lassen

Gurken, gefüllt

2 Nostranogurken	längs halbieren, aushöhlen, Fruchtfleisch hacken
150 g Brot	fein hacken, mit Fruchtfleisch mischen
Thymian, gehackt Oregano, gehackt Petersilie, gehackt Knoblauchzehe, gepreßt	mit Brot-Gurken-Masse mischen, die Füllung in die Gurken verteilen
3–4 Eßlöffel Olivenöl	über die gefüllten Gurken träufeln. In Bratpfanne gedeckt auf kleinem Feuer 15–20 Minuten schmoren lassen oder im vorgeheizten Ofen (220°C) 10 Minuten überbacken, ganz oben (siehe auch *Gurken, Emmentaler Art*)

Gurke (Cucumis sativus L.)

Gurken, gedämpft

1 Nostranogurke	in 2 cm große Würfel schneiden
2 Eßlöffel Olivenöl 1 Zwiebel, gehackt	mit Gurken dämpfen
Oregano, gehackt evtl. ½ Teelöffel Kümmel Pfeffer, Salz	würzen
2 Eßlöffel Weißwein	nach 5–7 Minuten beigeben, aufkochen, anrichten

Gurken, Emmentaler Art

3–4 Nostranogurken	in 6 cm dicke Scheiben schneiden. Mit Apfelausstecher aushöhlen. Gurken in Gratinform stellen
30 g Mehl, 2 dl Milch	miteinander verrühren und aufkochen, Pfanne von Platte nehmen, auskühlen lassen
1 dl Rahm, 1 dl Joghurt	beifügen, umrühren
1 Ei	dazurühren
80 g Emmentalerkäse 80 g Bergkäse	reiben, in Sauce mischen
Muskat	würzen. Die Füllung in die ausgehöhlten Gurken verteilen. Die Kugeln, die beim Aushöhlen entstanden sind, darüber streuen. Im 220°C vorgeheizten Backofen in der oberen Hälfte 10–15 Minuten backen.

Tsatsiki (Gurkensauce)

1 Nostranogurke	grob raffeln, leicht salzen, 5 Minuten ziehen lassen, Wasser abgießen
1 Eßlöffel Olivenöl 1 dl Joghurt, natur 150 g Vollmilchquark 2 Knoblauchzehen, gepreßt 1 Zwiebel, gerieben 1 Eßlöffel Dill, gehackt 1 Teelöffel Essig	mit Schneebesen luftig rühren und mit den vorbereiteten Gurken mischen, evtl. pfeffern. Geeignet als Sauce zu gekochtem Getreide, geschwellten Kartoffeln, Lammfleisch oder als Brotaufstrich

Kohlrabi

Seine Wurzeln – die geschichtlichen und die wirklichen – reichen nicht tief. Über seine Entwicklung zur Kulturpflanze ist wenig bekannt. Das Wort Chol-Rab soll etwa im 16. Jahrhundert, aus Italien (càvolo = Kohl; rapa = Rübe) kommend, nördlich der Alpen bekannt geworden sein, und damit wohl auch das zugehörige Gemüse. In größerem Ausmaß wurde der Kohlrabi dann allerdings erst vom 19. Jahrhundert an angebaut.

Der Kohlrabi, das ergibt sich schon aus dem Beinamen Oberkohlrabi, wächst über der Erde. Er ist in zwei Farbtönen zu haben. Zwischen den weißen und den blauen Kohlrabi ist geschmacklich kein Unterschied festzumachen. Die weißen Kohlrabi werden etwas schneller reif, verholzen allerdings auch schneller, und zwar – wenn sie stark getrieben werden – bereits beim Wachsen, aber auch nach der Ernte, beim Aufbewahren.

Kohlrabi, auch *Rübkohl* oder *Chou-pomme* genannt, wird heute fast das ganze Jahr über frisch angeboten. Im Frühling ist er eines der ersten Gemüse aus inländischem Anbau, das auf dem Markt zu finden ist. Zugreifen lohnt sich: Kohlrabi besticht nicht nur durch seine Farbe, er ist überdies gesund und praktisch rundum verwertbar.

Die Knollen lassen sich kochen und machen sich gut als oder in Salat und können überdies wie Äpfel – von der Hand in den Mund – gegessen werden. Was ihren Mineralstoff- und Vitamin-C-Gehalt angeht – von der Umweltverträglichkeit ganz zu schweigen –, sollte man auf jeden Fall besser zu einem Kohlrabi greifen als zu einem Granny Smith.

Noch wertvoller als die Knollen sind die eisenhaltigen Blätter des Kohlrabi, die sowohl Salatplatten bereichern als auch wie Spinat gekocht werden können.

Erntezeit:	Juni bis Oktober
Aufbewahren:	Möglichst frisch verwenden, Verholzungen werden bei längerer Lagerung (0–5 °C) ausgeprägter.
Vorbereiten:	Blätter abziehen (nicht schneiden), mitverwenden. Vom unteren Stengelansatz her die Haut abziehen, waschen.
Zubereiten:	Roh, dämpfen, sieden im Dampf.
Passende Kräuter und Gewürze:	Basilikum, Dill, Kerbel, Liebstöckel, Petersilie, Schnittlauch, Salbei
Überschüsse:	Sterilisieren
Hinweise:	Kohlrabi läßt sich auch nach den Rezepten für *Chicorée* und *Mairüben* zubereiten. Besonders gut schmeckt er auch als Krautstielsalat oder nach der Art des *knusprigen Rosenkohls* (S. 173).

Rahmraben (weiße Raben)

Kohlrabiblätter, Kerbel Petersilie, Schnittlauch, Salbei	hacken
30 g Butter	Kräuter darin dämpfen (2–3 Minuten)
2–3 Kohlrabi	in Stengel oder ½ cm dicke Scheiben schneiden, mitdämpfen (5 Minuten)
1 Eßlöffel Mehl	bestreuen und kurz mitdämpfen
1½ dl Rahm	beifügen
Muskat Pfeffer, Salz	etwas nachwürzen, das Ganze 10–15 Minuten leise kochen

Gefüllte Kohlrabi

2 weiße 2 blaue mittlere Kohlrabi	möglichst wenig Haut abziehen, unten beim Wurzelansatz einen kleinen Boden schneiden. Inneres mit Pariserlöffel aushöhlen. Überall ca. 1 cm Rand stehenlassen. In ausgebutterte Gratinform stellen. Fruchtfleisch und die Blätter fein hacken
20 g Butter 1 Zwiebel, gehackt	mit gehacktem Fruchtfleisch und Kohlrabiblättern dämpfen
60 g Haselnüsse, gehackt	mitdämpfen
Muskat Liebstöckel, gehackt oder Basilikum, gehackt	würzen, etwas auskühlen lassen
2 Eier	verrühren, mit ausgekühlter Masse mischen, in die Kohlrabi einfüllen
1 dl Weißwein	in Form geben und bei 220°C 25–35 Minuten backen. Mit frischen Gschwellti und Salat ergibt das eine vollständige Mahlzeit

Kohlrabistengel

2–3 Kohlrabi	in Stengel schneiden (evtl. 3–5 Minuten im Dampf sieden)
Von Hand in Sauce dippen	(z. B. *Sauce vinaigrette* S. 50)

Kohlrabisalat

3 Eßlöffel Essig Dill, Basilikum oder Liebstöckel, gehackt Senf	mit Schneebesen gut verrühren
2 Eßlöffel Öl	beigeben, gut rühren
1 Ei, gekocht	sehr fein hacken, zugeben und gut weiterrühren
1 dl Rahm	steif schlagen, sorgfältig mit Sauce mischen
2–3 Kohlrabi	in dünne Scheiben schneiden oder mit grober Raffel direkt in Sauce raffeln. Mit Kohlrabiblättern garnieren

Kohlrabi, gedämpft

2–3 Kohlrabi	in Scheiben oder Stengel schneiden
20 g Butter	Kohlrabi darin dämpfen (5–10 Minuten)
Kohlrabiblätter, gehackt Pfeffer	würzen
evtl. etwas Weißwein	beigeben, 5–8 Minuten leise kochen und anrichten

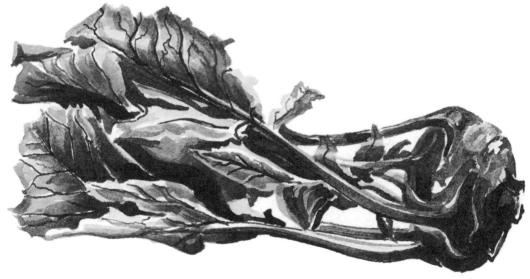

Kohlrabi (Brassica oleracea L. var. gongylodes L.)

Krautstiel/Stiel- oder Rippenmangold

Die Heimat des Krautstiels, auch Stiel- oder Rippenmangold genannt, ist das Zweistromland Mesopotamien: Er soll den Babyloniern schon um 2000 v. Chr. geschmeckt haben. Auch den Römern war der Krautstiel kein Unbekannter. Sie waren es, die das Gemüse mit den breiten, weißen oder cremefarbenen Stielen und den sattgrünen Blättern über die Alpen nach Norden brachten.

Bis vor etwa 300 Jahren galten die Krautstiele in Mittel- und Westeuropa als eines der beliebtesten Gemüse. Aus Rang und Ehre vertrieben wurden sie später durch den ebenfalls zur Familie der Gänsefußgewächse gehörenden Spinat, der aus dem arabischen Raum über Spanien ins übrige Europa gelangt war. Wegen der grünen Konkurrenz gerieten die Krautstiele fast in Vergessenheit und blieben als Gemüse nur in den Haus- und Bauerngärten erhalten. Vor ein paar Jahrzehnten erst wurden sie wiederentdeckt.

Unter seinen Verwandten, den Gänsefußgewächsen – dazu gehören so knollige Gesellen wie die Runkel- und Zuckerrübe und die Rande –, sticht der Krautstiel durch die Ausbildung einer eßbaren Blattrippe hervor. Es soll Begeisterte geben, die ihn, was seine Zartheit und sein Aroma angeht, sogar am Spargel messen und ihn auch mit all jenen Saucen und Zutaten auf den Tisch bringen, die sonst den »blassen Weißen« vorbehalten sind. Anders als die Spargeln sind Krautstiele bis weit in den Herbst hinein erhältlich und außerdem unglaublich billig. »Aktionsgemüse«, im Sonderangebot, könnten Krautstiele auch genannt werden: zwei zum Preis für eins. Denn abgesehen von den fleischigen, weißen Blattstielen, lassen sich auch die grünen Blätter in vielerlei Köstlichkeiten verwandeln.

Was den Geschmack betrifft, sind die Krautstielblätter mit dem Spinat zu vergleichen, bloß daß sie etwas milder sind und an Nüsse erinnern. Ihr Gehalt an Vitaminen und Mineralstoffen ist beachtlich.

Um den weißen Blattrippen ihre schöne Farbe zu erhalten, empfiehlt es sich, einmal gerüstete Krautstiele sofort weiterzuverwenden und ihnen beim Kochen etwas Milch oder Zitrone beizugeben.

Erntezeit:	Anfang Juli bis Anfang November
Aufbewahren:	In Papier eingewickelt, kann Krautstiel bei 0–5 °C bis zu einer Woche aufbewahrt werden.
Vorbereiten:	Blatt und Rippen voneinander trennen. Beides separat weiterverwenden. Blätter sorgfältig waschen. Die Rippen lassen sich am besten mit einer Bürste reinigen.
Zubereiten:	Dämpfen (vor allem Blätter). Sieden im Dampf (Stengel). Sieden im Würzwasser (Blatt und Rippen).
Überschüsse:	Rippen konservieren sich in sich selber. Blätter trocknen.
Passende Kräuter und Gewürze:	Basilikum, Dill, Kerbel, Petersilie, Rosmarin, Schnittlauch
Hinweise:	Zur Zubereitung der Blätter eignen sich alle Rezepte für grüne Blattgemüse, wie Schnittmangold, Neuseeländerspinat, Spinat, Catalogna, Cima di rapa. Für das Kochen der Rippen finden sich Ideen bei den Spargel- und Schwarzwurzelrezepten.

Krautstielsalat

4–5 Krautstielrippen	in Würfel schneiden und in Dampf al dente sieden (5 Minuten)
4 Eßlöffel Essig Pfeffer, Salz Basilikum oder Dill, gehackt	mit Schneebesen gut verrühren
2 Eßlöffel Sonnenblumenöl 3 Eßlöffel Sauerrahm oder Vollmilchquark	beigeben, nochmals gut rühren. Die noch warmen Krautstielwürfel beigeben, mischen und 30 Minuten ziehen lassen

Krautstiele einmachen

Krautstielrippen	gut waschen und in 1 cm große Würfel schneiden

Einmachflaschen mit engem Hals (höchstens 4 cm Durchmesser) oder enghalsige Flaschen mit Drehverschluß gut waschen, mit möglichst heißem Wasser ausspülen. Deckel und Gummi nach dem Waschen 2–3 Minuten im Wasser auskochen.

Krautstielwürfel sehr satt (mit Trichter) in Flaschen füllen (klopfen). Rand gut reinigen, mit Deckel schließen. 2–3 Tage bei Zimmertemperatur gären und zusammenfallen lassen, dann an kühlem Ort (Keller) aufbewahren. *Lagerdauer:* 1 Jahr. *Verwendung:* Kurz aufkochen und als Salat (S. 87) servieren. Rhabarber läßt sich auf gleiche Weise einmachen

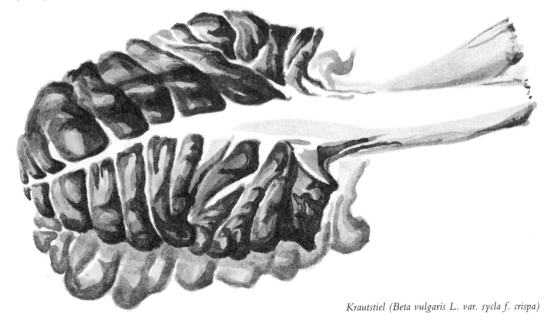

Krautstiel (Beta vulgaris L. var. sycla f. crispa)

Dreifarbig, gefüllt

8 Krautstielblätter	in Würzwasser 1–2 Minuten blanchieren, herausnehmen und auslegen
8 Krautstielrippen	möglichst ganz im Würzwasser al dente sieden (5 Minuten), ca. 100 g fein schneiden, Rest in Würfel schneiden
200 g Vollmilchquark 1 Ei 2 Knoblauchzehen, gepreßt 40 g Sbrinz, gerieben Pfeffer ½ Teelöffel Essig	gut miteinander verrühren und die feingehackten Rippen beigeben. Diese Füllung auf die 8 Blätter verteilen und aufrollen. Rippenwürfel in Anrichtetopf geben, die Röllchen darauf verteilen, evtl. etwas Würzwasser zufügen. Bei kleiner Hitze zugedeckt 15 Minuten dämpfen
4 Tomaten	evtl. Haut abziehen, grob hacken
1–2 dl Würzwasser 2 Knoblauchzehen, gepreßt Rosmarin, gehackt Basilikum, gehackt Petersilie, gehackt evtl. 1 Chilischote 1 Eßlöffel Rotwein	mit den Tomaten in offener Pfanne 10 Minuten gut kochen lassen, Chilischote entfernen

Tomatensauce zu dem Topf servieren oder darübergießen. Mit Brot ergibt das ein gelungenes Sommeressen

Sommerspargeln

6–8 Krautstielrippen	längs in Streifen schneiden, im Dampf knackig weich kochen (5–10 Minuten). Warm mit Saucen servieren wie Spargel. Neben den herkömmlichen *Spargelsaucen* (S. 37 ff.) auch *Dreifarbig* (Tomatensauce S. 88) oder *Gorgonzolasauce* (S. 104)

Neuseeländerspinat

Mit dem Spinat verbinden ihn der Name und die verschiedenen Zubereitungsarten. Sonst haben die beiden Gemüse nichts gemein, nicht einmal ein bißchen Verwandtschaft über Ecken und Enden. Spinat gehört zu den Gänsefuß-, Neuseeländerspinat zu den Eiskrautgewächsen. Wie der Name schon sagt, kommt der Neuseeländerspinat von weit her. Als Küstenpflanze ist er in Australien, Tasmanien und Neuseeland heimisch. Die Briten, damals Kolonialherren dieser Länder, hatten im 18. Jahrhundert Samen des Neuseeländerspinats nach Westen gebracht und im Botanischen Garten von London ausgesät. Das Klima Europas schien dem Neuseeländerspinat zu behagen, und er fand rasche Verbreitung. Als Blattgemüse für den Sommer brachte er Abwechslung und reichlich Vitamine (vgl. Spinat) auf den Tisch. Der »einheimische« Spinat konnte damals, als nur wenige Sorten bekannt waren, nur bis zum »längsten Tag des Jahres« geerntet werden. Danach pflegte er – im Gegensatz zum Neuseeländerspinat – ins Kraut zu schießen bzw. zu blühen.

Neuseeländerspinat ist heute durch schoßfeste Spinatsorten, die einfacher und rationeller angebaut und geerntet werden können, weitgehend verdrängt worden. Er findet sich vereinzelt in Hausgärten und ab und zu, wenn man Glück hat, an Marktständen.

Erntezeit:	Juli bis August
Aufbewahren:	Sollte möglichst frisch verarbeitet werden, bis dahin bei 0–5 °C lagern.
Vorbereiten:	Stengel an Blättern und Triebspitzen etwas einkürzen, waschen.
Zubereiten:	Saft, roh, dämpfen, sieden im Würzwasser.
Passende Kräuter und Gewürze:	Liebstöckel, Muskat, Selleriekraut
Überschüsse:	Dörren
Hinweise:	Für die Zubereitung des Neuseeländerspinats eignen sich die Rezepte *Tätsch* (S. 154), *Federtopf* (S. 152), ferner alle Zubereitungsarten von Spinat und Schnittmangold, mit Ausnahme des *Capuns* (S. 103) – es sei denn, die Blätter des Neuseeländerspinats wären sehr groß.

Neuseeländer-Terrine

500 g Neuseeländerspinat	dämpfen wie bei *Sandwich* (S. 91), nicht würzen, hacken
200 g Haferflocken	in Schüssel geben
1 dl Wasser, heiß	über Flocken gießen (evtl. beim Dämpfen entstandenes Wasser verwenden), 10 Minuten stehenlassen
Petersilie Kerbel, Majoran	mit Spinat mischen und zu den eingeweichten Flocken geben
3–4 Eier	aufschlagen, gut rühren und zu der ausgekühlten Masse geben. Die Masse darf ziemlich weich sein
2 Knoblauchzehen, gepreßt Pfeffer, Muskat	würzen, in sorgfältig ausgebutterte Terrine- oder Puddingform (oder hohe Schüssel mit Deckel) einfüllen. Im Wasserbad ca. 50 Minuten ziehen lassen. *Garprobe:* siehe *Dreifarbige Terrine* (S. 62)

Vorsichtig stürzen, die Terrine fällt gern etwas zusammen. Die Terrine schmeckt auch kalt sehr gut. In diesem Fall sollte sie in der Form auskühlen, dann stürzen

Neuseeländerspinat vite

750 g Neuseeländerspinat 20 g Butter oder Olivenöl	dämpfen, bis Spinat zusammenfällt
1 Knoblauchzehe, gepreßt Pfeffer, Salz	würzen, anrichten

Stichwort: **Deklaration.** Den meisten Frischprodukten, die in den Regalen der Gemüse- und Früchteabteilungen ausliegen, ist ihre Herkunft nicht anzumerken. Erst wenige Anbieter sind dazu übergegangen, den vagen Vermerk »ausländisch« mit Länderangaben zu konkretisieren. Der Schritt ist begrüßenswert. Da es sich dabei aber um eine reine Goodwillaktion handelt, kann er jederzeit wieder rückgängig gemacht werden. Eine allgemeine Deklarationspflicht besteht nicht. Sie wäre Voraussetzung für bewußte Kaufentscheide. Konsumenten und Konsumentinnen müssen nicht nur wissen, woher ein Gemüse stammt (Ländername), sondern auch, wie es produziert wurde: Stammt ein Gemüse aus Freilandanbau oder aus dem Gewächshaus? Ist es mit oder ohne Erde angebaut worden?

Solange die allgemeine Deklarationspflicht nicht vorgeschrieben ist, müssen sich Konsumenten und Konsumentinnen mit Fragen weiterhelfen und Läden, die keine Auskunft geben, meiden. Auf diese Weise können sie der politischen Forderung nach einer allgemeinen Deklarationspflicht im Alltag Nachdruck verschaffen.

»Sandwich«

750 g Neuseeländerspinat 1 Zwiebel, gehackt 10 g Butter	dämpfen, bis Spinat zusammenfällt
1 Knoblauchzehe, gepreßt Kerbel, Muskat Pfeffer, Salz	würzen
6 Eier 1 Prise Muskat 1 Prise Pfeffer, Salz 1 dl Rahm	mit Schneebesen schaumig rühren
20 g Butter	erhitzen, die Hälfte der Eimasse in Bratpfanne geben. Auf kleinem Feuer zugedeckt stocken lassen. Die Omelette sollte unten schön braungebraten und oben gelb-gedickt sein, anrichten. Zweite Hälfte des Teigs backen. In der Zwischenzeit Neuseeländerspinat auf die gebackene Omelette verteilen. Die zweite Omelette (evtl. mit Hilfe eines Deckels) auf die erste mit Füllung stürzen

Variationen: a) 4 statt 2 Omeletten backen. Jede nur zur Hälfte mit Spinat belegen und die andere Hälfte umschlagen (»Taschen«). b) 4 statt 2 Omeletten backen. Jede dünn mit Füllung belegen und satt aufrollen (»Rouladen«)

Neuseeländerspinat (Tetragonia expansa L.)

Patisson/Bischofs- oder Kaisermütze

Zu den Sommerkürbissen gehören neben den Zucchetti auch Patisson und Rondini. Alle drei Arten werden – im Gegensatz zu den Winterkürbissen – geerntet und gegessen, bevor sie reif sind. Sie können nur wenige Tage aufbewahrt werden.

Wann genau die Patisson-Kürbisse – ihrer eigenartigen, flachrunden Form wegen auch *Kaiser-* oder *Bischofsmützen* genannt – von Lateinamerika zu uns gelangten, ist nicht bekannt. In größerem Rahmen angebaut werden die weißlichen, elfenbeinfarbigen oder grünlichen Früchte mit den gewellten Rändern erst seit kurzem. In südlichen Ländern, und hier bei uns in Bauern- und Hausgärten, gelten sie seit langem als eine besondere Spezialität.

Der Patisson ist wie die Zucchetti ein geschmacklich eher neutrales Gemüse und läßt sich vielseitig verwenden. In Teig gebacken, schmecken auch die großen, trompetenförmigen, gelben Patissonblüten ausgezeichnet, wie übrigens alle Blüten von Kürbispflanzen. Solche »Blütengerichte« sind eine Spezialität der Toskana, wo die Blüten auch auf dem Markt angeboten werden.

Erntezeit:	Juli bis September
Aufbewahren:	Bei 8–12 °C bis zu 10 Tagen
Vorbereiten:	Waschen.
Zubereiten:	Roh, dämpfen, sieden im Dampf.
Passende Kräuter und Gewürze:	Basilikum, Majoran, Oregano, Rosmarin
Überschüsse:	Dörren, sterilisieren, heiß einfüllen, süß-sauer.
Hinweise:	Patisson kann wie Zucchetti zubereitet werden. Sehr gut schmeckt er nach dem Rezept *Rondini im Dampf* (S. 101).

Gefüllte Patisson

4 kleine Patisson	Deckel wegschneiden, Patisson mit Löffel aushöhlen, auf Blech stellen. Fruchtfleisch hacken
20 g Butter 1 Zwiebel, gehackt	mit Fruchtfleisch dämpfen (5 Minuten)
2 Tomaten, gewürfelt 150 g frische Maiskörner	beigeben, gut mischen
Oregano, gehackt Basilikum, gehackt Rosmarin, gehackt	würzen und auskühlen lassen
2 Eßlöffel Paniermehl 1 Ei	mit Masse mischen. In Patisson einfüllen, Deckel darauflegen, bei 220 °C 20–25 Minuten in der Ofenmitte backen

Gebratene Patisson

1–2 Patisson	in Schnitze schneiden
3–4 Eßlöffel Olivenöl	erhitzen, Schnitze darin rundum goldbraun braten, wie Blume auf Platte anrichten
Basilikum, gehackt Rosmarin, gehackt Oregano, gehackt	im restlichen Öl dämpfen, über die angerichteten Schnitze gießen

Patisson (Cucurbita pepo var. patissonina)

Patissontopf

1 kg Patisson	in 2 cm große Würfel schneiden
1 Handvoll Minze, gehackt
1 Zwiebel, gehackt
Pfeffer, Salz	mit den Patissonwürfeln mischen
1 dl Weißwein	in Pfanne geben, Gemüse dazugeben und auf kleinem Feuer 20–30 Minuten schmoren lassen
100 g Reibkäse	darunterziehen und anrichten

Mit Hirse oder Kartoffelstock und *Tomatensauce* (S. 106) servieren

Marinierte Patisson

1 Patisson	in 3–4 cm dicke Scheiben schneiden
3–4 Eßlöffel Olivenöl	erhitzen, Patissonscheiben beidseitig goldbraun braten
2 Eßlöffel Essig
2 Knoblauchzehen, gepreßt
Basilikum, gehackt
Rosmarin, gehackt
Oregano, gehackt	mit Schneebesen gut verrühren. Die gebratenen, noch warmen Patissonscheiben damit bepinseln und mindestens 1 Stunde ziehen lassen

Stichwort: **Rückstände in Bio-Produkten.** Der biologische Anbau ist vielen Anfeindungen ausgesetzt. Immer wieder wird darauf hingewiesen, Bio-Produkte enthielten auch (oder gar ebensoviele) Rückstände wie konventionell angebaute Produkte. Existiert die Qualität Bio nur im Kopf und nicht im Teller?

Bio-Produkte können nicht sauberer sein als die Umwelt, in der sie wachsen. Luftschadstoffe (z. B. Schwermetalle), langlebige chemische Verbindungen (z. B. PCP, Lindan, DDT) und Radioaktivität lagern sich mit der Luft oder mit dem Regenwasser überall ab. Dagegen sind auch biologische Produkte nicht gefeit.

Bio ist zu einem Modewort und verkaufsfördernden Werbeschlager geworden. Da das Kürzel BIO nicht geschützt ist, kann es auch bei Produkten auftauchen, die nichts mit biologischem Landbau gemein haben.

Obschon geschützte Marken (vgl. S. 194) vorhanden sind, die für die Qualität ihrer Gemüse bürgen, werden in Vergleichsstudien immer wieder Produkte zweifelhafter Herkunft mituntersucht. Das wirkt sich negativ auf das Image der Bio-Produktion aus und verunsichert Konsumenten und Konsumentinnen – was ja wohl der Zweck der ganzen Übung ist.

Untersuchungen, die nur Bio-Produkte mit Gütesiegel als Vergleichsgröße gelten lassen, kommen zu folgendem Schluß: Während rund 45% der konventionell angebauten Gemüse meßbare Rückstände von Pflanzenschutzmitteln enthalten, sind es bei den Bio-Produkten nur gerade 5%. Diese stammen meist aus Umstellungsbetrieben, d. h. aus Böden, die noch Spuren der vormals konventionellen Bewirtschaftung tragen.

Stichwort: **Biologischer Gewächshausanbau.** Immer mehr Bauern decken ihre Frühkulturen mit Plastiktunnels und -folien, um das Gemüse vor der Konkurrenz auf den Markt bringen zu können. Der Trend hat auch viele biologisch anbauende Produzenten erfaßt, die auf diese Art versuchen, die stets wachsenden Wünsche der Konsumenten und Konsumentinnen zufriedenzustellen.

Aber: Während die biologischen Salatköpfe im Frühjahr und Sommer bedeutend nitratärmer und eiweißreicher sind, ist bei den Treibhaus-Salaten im Winter zwischen biologisch und konventionell angebauten kaum ein Unterschied auszumachen. Jahreszeitengemäße Ernährung ist alleweil die bessere Alternative.

Peperoni/Paprika

Peperoni, auch Gemüsepaprika genannt, stammen aus dem tropischen Lateinamerika, von wo aus sie im Schlepptau der portugiesischen und spanischen Seefahrer die Welt eroberten. Obschon die Peperoni in Europa bereits im 16. Jahrhundert eingeführt waren, sind sie in der Schweiz und in Deutschland bis zum Ende des Zweiten Weltkriegs nahezu unbekannt geblieben. Erst durch den in den 50er Jahren zunehmenden Tourismus nach Süden sind die Menschen nördlich der Alpen auf den Geschmack gekommen.

Sehr zu Recht, denn Peperoni gehören zu den gesündesten Gemüsearten überhaupt. Ihr Vitamin-C-Gehalt ist etwa zehnmal so groß wie derjenige der dafür gerühmten Zitrone. Als einzige unter den zahlreichen Gemüsesorten enthalten Peperoni – neben Vitamin B_1 und B_2, Karotin, Phosphor und Eisen – auch Vitamin P, das die Blutzirkulation anregt, den Kreislauf fördert. Eine weitere Besonderheit der Peperoni ist der Reizstoff Capsaicin, der dem Gemüse die Schärfe verleiht. Capsaicin wirkt anregend auf den Magen-Darm-Trakt, steigert die natürliche Widerstandskraft gegen Infektionskrankheiten und heilt – äußerlich angewendet – Abszesse und Entzündungen.

Es werden hauptsächlich drei Arten von Paprikagemüsen unterschieden:

Gemüsepaprika: Ihn gibt es in Rot, Gelb und Grün: Er ist nicht besonders scharf. Der grüne, dickwandige Paprika ist noch im unreifen Stadium und von daher weniger süß als der rote und gelbe.

Tomatenpaprika: Er sieht der Tomate ähnlich und schmeckt ziemlich süß.

Gewürzpaprika: Die grünen, gelben und roten Peperoncini sind wegen ihres hohen Capsaicin-Gehalts besonders scharf, vor allem die Kerne. Frische Schoten dienen als Grundlage für die Herstellung von Chili- und Tabascosaucen und Sambal Oelek. Aus getrockneten und gemahlenen Schoten wird Paprikapulver und Cayennepfeffer hergestellt. Letzterer gilt als Liebespulver. Wer einen empfindlichen Magen hat, sollte mit den Peperoni oder sofort danach ein Milchprodukt oder etwas Stärkehaltiges zu sich nehmen.

Erntezeit:	August bis Oktober
Aufbewahren:	8–12 °C, 3–5 Tage
Vorbereiten:	Waschen, halbieren, Stielansatz, Kerne und weiße Häutchen entfernen und ausspülen. Für gefüllte Peperoni Deckel ausschneiden und auskernen. Peperoni, vor allem die Haut, können schwer verdaulich sein. Peperoni lassen sich leicht schälen, wenn sie ganz über dem offenen Feuer, in heißem Olivenöl oder auf dem Gitterrost im Backofen rundum kurz gebraten und, noch heiß, in kaltes Wasser getaucht werden. Häuten, entkernen. Dies empfiehlt sich vor allem für ungekochte Peperoni-Speisen.
Zubereiten:	Roh, dämpfen, sieden im Dampf, braten.
Passende Kräuter und Gewürze:	Basilikum, Petersilie, Thymian, Rosmarin
Überschüsse:	Dörren, sterilisieren, einlegen (in Öl und Essig).
Hinweise:	Peperoni passen gut in Zucchetti-, Tomaten- und Auberginengerichte.

Ratatouille

300 g Peperoni 300 g Auberginen 300 g Zucchetti	in 2 cm große Würfel schneiden
1 Eßlöffel Olivenöl 1 Zwiebel, gehackt	Gemüse darin dämpfen (5 Minuten)
400 g Tomaten	achteln, beigeben
2 Knoblauchzehen, gepreßt	beigeben, kurz mitdämpfen
1 dl Weißwein	ablöschen
Oregano, gehackt Thymian, gehackt wenig Salbei Pfeffer, Salz	würzen, Ratatouille nach eigenem Gutdünken knackig weich dämpfen oder verkochen

In Frankreich wird geriebener Käse auf die angerichtete Ratatouille gestreut und getoastetes Brot dazu serviert.

Peperoni (Capsicum annuum L.)

Kräuter-Peperoni

6 Peperoni (verschiedenfarbig)	in 2 cm große Stücke schneiden
6 Tomaten	schälen
2 große Zwiebeln	achteln
20 g Butter	erhitzen und die Zwiebelstücke darin goldgelb braten. Peperoni und Tomaten beigeben und 5 Minuten dämpfen
½ dl Rotwein	beigeben
je ½ Teelöffel Basilikum, Oregano, Estragon, Rosmarin, Kerbel, Thymian	beigeben
wenig Salbei, gehackt 3 Knoblauchzehen, gepreßt Salz, Pfeffer	abschmecken und auf kleinem Feuer 15 Minuten leise kochen, anrichten

Gefüllte Peperoni, warm

4 große Peperoni	Deckel wegschneiden und Kerne entfernen, in Würzwasser 5 Minuten ziehen lassen, abtropfen und in eine gebutterte Gratinform stellen
20 g Öl	erhitzen
150 g gehacktes Rindfleisch	beigeben und gut anbraten
1 Zwiebel, gehackt 1 Knoblauchzehe, gepreßt	beigeben, dämpfen
2 Tomaten	vierteln und beigeben
200 g frische Maiskörner	beigeben, gut umrühren. Das Ganze sollte leicht saftig sein. Falls zu trocken, etwas Peperoniwürzwasser dazugießen
Thymian, Rosmarin, Majoran, wenig Salbei, Pfeffer, Salz	würzen, nochmals aufkochen und in die Peperoni einfüllen
50 g Sbrinz, gerieben	die gefüllten Peperoni damit bestreuen
einige Butterflocken	auf den Käse legen
Peperoniwürzwasser	½ cm hoch in die Form gießen. Im Backofen bei 220°C oben im Ofen 15 Minuten gratinieren

Gefüllte Peperoni, kalt

4 Peperoni	enthäuten, halbieren und auf eine Platte stellen
Pfeffer	leicht würzen
2 Eßlöffel Rotweinessig 1 Teelöffel Senf Basilikum, gehackt Majoran, gehackt Oregano, gehackt Paprikapulver, Salz	mit Schneebesen gut verrühren
4 Eßlöffel Olivenöl	beigeben, nochmals gut rühren
1 Gewürzgurke, gehackt 1 Eßlöffel Kapern 1 Zwiebel, gehackt 2–3 Knoblauchzehen, gepreßt 2–3 Sardellenfilets, gehackt	beigeben und rühren
3 Eier	sieden (6–7 Minuten), grob hacken und sorgfältig unter die Sauce ziehen. In die Paprikahälften einfüllen und mindestens 1 Stunde ziehen lassen

Ergibt ein nahrhaftes und doch leichtes Sommeressen zusammen mit frischen geschwellten Kartoffeln oder Brot

Farbiger Peperoni-Salat

4 Peperoni (verschiedenfarbig)	enthäuten und in feine Streifen schneiden
3 Eßlöffel Rotweinessig Thymian, gehackt Petersilie, gehackt Schnittlauch, gehackt Paprika Pfeffer, Salz	mit dem Schneebesen gut verrühren
4 Eßlöffel Olivenöl	beigeben und nochmals gut rühren, die Sauce über die noch warmen Peperonistreifen gießen und mindestens 1 Stunde ziehen lassen

Rondini

Rondini ist eine Kürbispflanze, die ursprünglich in Ländern des südlichen Afrikas heimisch war. Seit ein paar Jahren wird der Anbau – Rondini werden nicht importiert – auch in unseren Breitengraden erprobt. Den kleinen, kugelrunden Früchten – sie sehen ähnlich aus wie Melonen – scheint der Klimaunterschied nichts auszumachen. Die grüngesprenkelten Früchte – bei fortschreitender Reifung werden sie orangerot – gedeihen prächtig. Und auch die Nachfrage läßt wenig zu wünschen übrig.

Die feinen und delikaten Rondini sind im Geschmack nicht mit anderen Gemüsen aus der Familie der Kürbispflanzen zu vergleichen. Sie schmecken ureigen und apart – und zeitsparend sind sie obendrein, da es praktisch nichts zu rüsten gibt. Es lohnt sich, die Rondini gesondert, d. h. als Vorspeise oder als separate Beilage, zu reichen. Im Eintopf oder Ratatouille geht ihr typischer Eigengeschmack verloren, bzw. er wird von den restlichen Zutaten überdeckt. Darum gibt es nur eine einzige Zubereitungsart, die den Geschmack der Rondini richtig zur Geltung bringt.

Im Gegensatz zu Zucchetti und Patisson eignen sie sich nicht zum Rohessen. Das weiche, mit vielen Fasern durchsetzte Fleisch entfaltet sein volles Aroma erst beim Erwärmen. Rondini enthalten neben Vitamin A auch reichlich Mineralstoffe.

Erntezeit:	Ende Juli bis Oktober
Vorbereiten:	Waschen
Zubereiten:	Dämpfen, sieden im Dampf.
Passende Kräuter und Gewürze:	Basilikum, Majoran, Rosmarin.
Überschüsse:	Sterilisieren, heiß einfüllen (Konfitüre, süß-sauer).

Rondini im Dampf

2 Rondini	halbieren, im Dampf 10 Minuten sieden. Auf vorgewärmte Teller anrichten
20 g Butter	schmelzen
2 Eßlöffel Basilikum, gehackt	kurz beigeben, über die Rondinihälften träufeln. Die Rondini werden mit einem Löffel gegessen

Rondini (Cucurbita pepo)

Schnittmangold

Dem Mangold soll der altdeutsche Personennamen »Managolt« Pate gestanden sein. Managolt heißt »Vielherrscher«. Daß der Mangold seine Herrschaft vielerorts ausübte, davon zeugen seine vielen Namen: Das Spektrum reicht von Manglig über Manchelchrut, Bete und Beißkohl bis hin zu Stude-Chrut und Sou-Chrut.

Es werden zwei Gruppen von Mangold unterschieden: Stielmangold, auch Krautstiel (vgl. S. 86) genannt, und Schnitt- oder Blattmangold. Beide sind – wie die zur gleichen Familie gehörenden Runkel- und Zuckerrüben – Randenpflanzen. Sie bilden im Unterschied zur Stammutter keine Knollen, sondern Blätter aus. Rote Mangoldsorten machen diese Blutsverwandtschaft deutlich. Die intensiv rot gefärbten Sorten machen sich sehr schön im Garten, aber leider weniger auf dem Tisch. Die roten Mangoldsorten verfärben sich beim Kochen in ein unansehnliches Grau.

Mangold, der reichlich Provitamin A, Vitamin B_1 und B_2 und Vitamin C enthält, wirkt regulierend auf das Nervensystem und den Stoffwechsel und beruhigend auf den Darm. Mangold soll überdies bei Hautkrankheiten und Hämorrhoiden helfen.

Schnittmangold sieht dem Spinat, der ihn aus den Gärten und den Herzen der Menschen beinahe ganz verdrängt hat, ziemlich ähnlich, ist aber herber im Geschmack und hat bedeutend längere Erntezeiten.

Mus – aus grünem Schnittmangold wie Spinat zubereitet – war eines der Leib- und Alltagsgerichte der alten Eidgenossen. Viele der traditionellen regionalen Spezialitäten haben sich bis heute gehalten (wie z.B. *Capuns*, S. 103). Die meisten Gerichte lassen sich sowohl mit Schnittmangold als auch mit den Blättern der Krautstiele zubereiten.

Erntezeit:	Juni bis Oktober
Aufbewahren:	Sollte möglichst taufrisch zubereitet werden. Sonst bei 0–5°C aufbewahren.
Vorbereiten:	Gut waschen und dicke, lange Stengel wegschneiden.
Zubereiten:	Dämpfen, sieden im Würzwasser.
Passende Kräuter und Gewürze:	Basilikum, Kerbel, Petersilie, Rosmarin, Schnittlauch. Der etwas herbe Geschmack verlangt kräftige Kräuter.
Überschüsse:	Dörren
Hinweise:	Schnittmangold läßt sich auch zubereiten wie Spinat, Neuseeländerspinat, Cima di rapa, Catalogna, Stilmus und Federkohl.

Capuns

300 g Mehl 3 Eier ½–1 dl Milchwasser	einen festen Teig herstellen
100 g Speck	würfeln, in Pfanne erhitzen
100 g Brot, Würfel 1 Zwiebel, gehackt	mit Brot zusammen in Speck dämpfen, auskühlen lassen und unter den Teig mischen
Petersilie, Schnittlauch Rosmarin, Basilikum	fein hacken, in den Teig mischen
ca. 40 Blätter Schnittmangold	in Würzwasser portionenweise blanchieren (nicht kochen, sonst zerreißen die Blätter), dann in jedes Blatt einen Löffel voll Teig geben, aufrollen, mit Zahnstocher befestigen. In Würzwasser 20 Minuten ziehen lassen
40 g Parmesan, gerieben Schnittlauch, gehackt	Capuns lagenweise mit Schnittlauch und Käse in vorgewärmter Schüssel anrichten
20–30 g Butter	schmelzen, über Capuns gießen. Mit Salzkartoffeln ist dieses Menü besonders schmackhaft

Schnittmangold (Beta vulgaris L. var. cycla f. lustensis)

Rolle

2 Eier 2–3 Eßlöffel Öl ¼ Teelöffel Salz	gut verrühren
200 g Mehl	dazugeben, Masse mit den Händen 5–10 Minuten durchkneten. Am besten 12 Stunden luftdicht verschlossen und kühl stehenlassen (läßt sich zur Not auch nach 1–2 Stunden auswallen), dann 1 mm dünn möglichst rechteckig auswallen
50 g Speckwürfel	erhitzen
500 g Mangold, in Streifen geschnitten 1 Zwiebel, gehackt	zu den Speckwürfeln geben und 10 Minuten dämpfen
Muskat, Kerbel, Salz	würzen, Masse auskühlen lassen. Ausgekühlter Mangold auf Teig verteilen, 2 cm Rand lassen. Das Ganze aufrollen, Ränder gut zusammendrücken. In ein Baumwolltuch einrollen und die Enden des Tuches mit Baumwollgarn gut zusammenbinden. Rolle in Würzwasser 40 Minuten ziehen lassen. Evtl. 2 Rollen formen, es paßt dann besser in die Pfanne. Mit *Gorgonzolasauce* (S. 104) servieren

Gorgonzolasauce

150 g Vollmilchquark	glattrühren
100 g Gorgonzola	hineinreiben, mit Gabel mischen
1 Teelöffel Senf 1 Eßlöffel Cognac	würzen
etwas Milch	evtl. beigeben. Sauce sollte sämig, nicht fließend sein

Mangold

1 kg Schnittmangold	im Würzwasser 2–3 Minuten portionenweise blanchieren, herausnehmen, jeweils gut abtropfen lassen und auf vorgewärmte Platte anrichten, Deckel aufsetzen
40 g Greyerzerkäse 40 g Sbrinz	reiben, jede Lage Mangold mit Käse bestreuen
20 g Butter	erwärmen, über Mangold gießen

Die heiße Butter kann durch geröstete Brotwürfel, gedämpfte Zwiebelringe, Eierwürfel, gebratene Schinken- oder Speckwürfel (oder ein Gemisch davon) ersetzt werden

Tomate

Der Ursprung der Tomate liegt im tropischen und subtropischen Amerika (Mexiko und Peru). Die spanischen Eroberer haben sie mit nach Europa gebracht, wo die rote Frucht in den Ländern rund ums Mittelmeer, aber auch in England und im Balkan rasch heimisch wurde. Nördlich der Alpen begegnete man dem neuen Gemüse mit Skepsis. Dem sogenannten »Liebesapfel« wurde nachgesagt, daß sein Verzehr Liebeswahnsinn erwecken könne. Überdies hielt man den »Paradiesapfel« – das ist ein weiterer Name, den man der damals noch winzigen, kleinen, roten Frucht gegeben hatte – nicht ganz zu Unrecht für giftig: Tomaten enthalten, wie andere Nachtschattengewächse auch, Alkaloide. Das besondere Alkaloid der Tomate, das Tomatin, ist allerdings auch in größeren Mengen ungefährlich. Es verliert sich beim Ausreifen der Tomaten völlig. Unsere Vorfahren wußten nicht darum und aßen deshalb die roten Früchte nicht. Bis zum beginnenden 18. Jahrhundert wurde die Tomate in Mitteleuropa nur als Zierpflanze angebaut.

In der Schweiz hat sich die Tomate als Kulturpflanze erst im Laufe der letzten fünfzig Jahre richtig durchsetzen können. Heute decken Herr und Frau Schweizer etwa 10% ihres jährlichen Gemüseverbrauchs mit Tomaten. Das macht pro Kopf runde 9 Kilogramm, wovon mehr als die Hälfte importiert wird. Daß Tomaten das ganze Jahr über erhältlich sind, daran haben wir uns längst gewöhnt, nicht aber daran, einen Zusammenhang herzustellen zwischen diesem (jahres)zeitlosen Konsum und den immer wieder auftretenden Überschüssen bei der inländischen Tomatenernte. Die Gemüsebauern danken, wenn Konsumenten und Konsumentinnen denken.

Tomaten sind *das* Sommergemüse. Die sonnengereiften Früchte – sie schmecken bedeutend besser als die im Treibhaus gezogenen – enthalten viel Vitamin A und C, Mineralstoffe und Spurenelemente. Bei uns werden – aus inländischem Anbau – hauptsächlich vier Sorten angeboten:
- die runde Kugeltomate: saftig, kernreich, nicht sehr aromatisch; eignet sich am besten zum Kochen
- die großfruchtige Fleischtomate: ißt sich am besten roh, kann auch gekocht werden
- die Cherry-Tomate, auch Kirschen- oder Cocktailtomate genannt, ist schmuck und süß, sie zu kochen wäre ein Frevel
- die längliche, birnenförmige Peretti-Tomate, allen vertraut als Pelati »San Marzano« aus der Dose, schmeckt frisch auch gut auf Pizza und im/als Salat.

Erntezeit:	Ende Juli bis Oktober Peretti-Tomaten kommen erst im August auf den Markt.
Aufbewahren:	Gut ausgereifte Tomaten sollten innert 3–4 Tagen aufgebraucht sein. Tomaten immer separat lagern! Sie geben ein Gas ab, das sog. Äthylen, das andere Gemüse bleichen kann.
Vorbereiten:	Waschen, Stielansatz herausschneiden.
Zubereiten:	Roh, Saft, dämpfen, sieden im Dampf. Wer einen empfindlichen Magen hat oder an Gallen- bzw. Leberkrankheiten leidet, sollte sie schälen: ganze Früchte kurz in siedendes Wasser geben, Haut abziehen.
Passende Kräuter und Gewürze:	Basilikum, Petersilie, Rosmarin, Thymian
Überschüsse:	Heiß einfüllen, sterilisieren, dörren, einsäuern.

Tomatensuppe

1 kg Tomaten	vierteln
10 g Butter 1 große Zwiebel, gehackt 2 Knoblauchzehen	gut dämpfen, Tomaten kurz mitdämpfen
1 Zweiglein Thymian 1 Zweiglein Rosmarin 5–6 Blätter Basilikum	mitkochen, nach 20 Minuten mit Passevite pürieren. In Pfanne zurückgießen und nochmals zum Sieden bringen
1 dl Rahm 1 Eigelb Salz, Pfeffer	in Schüssel verquirlen. Suppe unter ständigem Rühren dazugießen
Petersilie, gehackt	darüberstreuen

Tomatensauce

Gleiche Zubereitung wie *Tomatensuppe*, jedoch nach dem Pürieren 20 Minuten ohne Deckel einkochen lassen. Kann ungebunden oder gebunden (über Ei und Rahm angerichtet) serviert werden. Ungebunden gleich nach dem Pürieren mit Salz und Pfeffer würzen

Freiburger Tomaten

6 große Tomaten	halbieren und aushöhlen
Basilikum, gehackt Pfeffer	ausgehöhlte Tomaten damit würzen
150 g Käse, z. B. Freiburger Vacherin	in kleine Würfel schneiden und
150 g Kartoffeln, gekocht oder Getreidereste	mit gehacktem Fruchtfleisch mischen
1 Zwiebel	mit feiner Raffel dazuraffeln, gut mischen
1 Knoblauchzehe, gepreßt Rosmarin, gehackt Petersilie, gehackt Salz	würzen. Die Masse in die Tomatenhälften einfüllen. Diese dicht in eine gebutterte Gratinform stellen
Schnittlauch	darüberstreuen. Im vorgewärmten Ofen, 220°C, 10 Minuten backen

Tomaten surprise

4 große Tomaten	oberes Drittel wegschneiden, Rest gut aushöhlen
Basilikum, gehackt Petersilie, gehackt Pfeffer, Salz	ausgehöhlte Tomaten und Deckel damit würzen
4 Eier	einzeln in Tasse aufschlagen, sorgfältig in die ausgehöhlten Tomaten gleiten lassen. Die Tomaten in Pfanne stellen, Deckel aufsetzen, Fruchtfleisch dazugeben. 15–20 Minuten leise kochen

Dazu gekochte Gerste oder Kartoffelstock und Salat servieren

Tomatenmousse

250 g Tomatenmark	siehe S. 109, ausgekühlt
2 Eigelb	mit Tomatenmark zusammen schaumig rühren
Pfeffer	würzen
2 Eiweiß 1 Prise Salz	steif schlagen, sorgfältig unter Schaummasse ziehen
½ dl Rahm	steif schlagen und sorgfältig unter Masse ziehen

In kleine Förmchen füllen. 3–4 Stunden tiefkühlen lassen. Stürzen, mit gehackten Tomatenkräutern bestreuen und zu Mais oder Gschwellti servieren

Tomate (Lycopersicon esculentum Mill.)

Tomaten-Ketchup (Konserve)

1 kg Tomaten	geschält und geviertelt
150 g Zwiebeln, gehackt	
2 Knoblauchzehen, zerdrückt	
2 Äpfel, gerieben	Zutaten mischen, zusammen weich kochen, pürieren und evtl. durch ein Sieb streichen
3 Eßlöffel Zucker	
1 Teelöffel Salz	
1 dl Obstessig	
Oregano, Rosmarin	
Thymian	
1 Messerspitze Cayennepfeffer	
½ Teelöffel Paprika	Zutaten unter Rühren erhitzen, bis der Zucker aufgelöst ist. Dann die Tomatenmasse beigeben und bei schwacher Hitze im offenen Topf 10–15 Minuten kochen lassen. Das Ketchup kochendheiß in saubere, vorgewärmte Gläser füllen und luftdicht verschließen (die restlichen 2–3 mm bis zum Glasrand mit kochendem Wasser auffüllen)

Tomatensalat mit Eiern

3 Eßlöffel Essig	
1 Eßlöffel Rotwein	
Petersilie, gehackt	
Basilikum, gehackt	
Rosmarin, gehackt	
1 Knoblauchzehe, gepreßt	
1 Zwiebel, gehackt	
Paprika, Pfeffer, Salz	mit Schneebesen gut verrühren
4 Eßlöffel Olivenöl	beigeben, nochmals gut rühren
6 mittlere Tomaten	
4 Eier, gekocht	in Scheiben schneiden, lagenweise auf eine flache Platte schichten. Jede Lage mit Sauce beträufeln, 20 Minuten ziehen lassen
Petersilie, gehackt oder Schnittlauch, gehackt	bestreuen. Ein Stück Brot dazu, und das Abendessen ist fertig

Tomaten im Glas (Kurzkonserve)

2 kg kleine Tomaten	rundherum mit Stecknadel einstechen
1 Zweiglein Dill	
1 Zweiglein Fenchel	etwas zerzupfen
8 Knoblauchzehen	halbieren
8 Pfefferkörner	Tomaten mit den Gewürzen zusammen in Drehverschlußgläser einfüllen
2 l Wasser	
30 g Salz	
2 Eßlöffel Zucker	aufkochen, abkühlen lassen und über die Tomaten gießen

Alle Tomaten sollten in der Flüssigkeit liegen. Gläser verschließen. Nach einer Woche sind die Tomaten »reif« und sollten möglichst bald konsumiert werden

Tomatenmark (Konserve)

5 kg Tomaten	vierteln
½ kg Zwiebeln	achteln
5 Knoblauchzehen	halbieren
3 Lorbeerblätter	
3 Thymianzweige	
3 Rosmarinzweige	
15 Blätter Basilikum	
1 Teelöffel Salz	
¼ Teelöffel Pfeffer	mit Gemüse zusammen aufkochen. Abgedeckt 40–50 Minuten kochen lassen, durch Passevite passieren. Nochmals erhitzen, siedend heiß in sterile Flaschen abfüllen, bis 4 cm unter den Flaschenrand
Olivenöl	Flaschen damit auffüllen, verschließen. Läßt sich 6–7 Monate aufbewahren

Stichwort: **Erntemaschinen.** Ein wichtiges Ziel der modernen Pflanzenzucht ist neben der Ertragssteigerung die Entwicklung von Sorten, die die Ernte mit Maschinen erleichtern. Es gibt heute bereits Tomatensorten, die einem Druck von rund 11 Kilo standhalten können. Diese Festigkeit ist herangezüchtet worden, damit die Tomaten die maschinelle Trennung von Blatt und Frucht schadlos überstehen. Abnehmer dieser Früchte ist vorab die weiterverarbeitende Nahrungsmittelindustrie, die mit Zugabe von Aromastoffen den harten Bällen zu einem fruchtigen Geschmack verhilft.

Zucchetti/Zucchini

Die Zucchetti gehören neben Chili und Avocado zu den ältesten ursprünglich in Mexiko kultivierten Pflanzen. Sie sollen dort bereits um 6000 v. Chr. angebaut worden sein. Im 15. Jahrhundert haben Seefahrer Samen von Zucchetti nach Südeuropa gebracht.

Zucchetti sind eines der wenigen Gemüse, für die kein eigenständiges, allgemeinverständliches deutsches Wort existiert. In der Fachliteratur werden sie manchmal als Gurkenkürbis, Kürbchen oder gar »Cocozelle von Tripolis« bezeichnet. Zucchetti und Zucchini sind Verkleinerungsformen von »Zuca«, was auf italienisch Kürbis heißt. Zuca ist nicht Zuca: Je nach Kontext ist damit nämlich nicht das Gemüse, sondern das (menschliche) Gegenüber gemeint. Zuca steht auch für Trottel, Dummkopf.

Alle mögen Zucchetti, bloß »die Kalte Sophie« mag sie nicht. Zucchetti, die nichtrankenden, nichtkriechenden Kleinkürbisse, werden daher erst nach den Eisheiligen gesät. Geerntet werden sie wie alle Sommerkürbisse in zartem, unreifem Zustand. Die marktüblichen, etwa 15–20 cm langen Zucchetti sind wohl zart, aber nicht sehr geschmacksintensiv. Mit zunehmender Größe gewinnen sie auch an Aroma.

In südamerikanischen Ländern werden die unreifen Zucchetti wie bei uns als Gemüse gegessen, die reifen, hartschaligen jedoch – mit Zucker gekocht – als Süßspeise. Auch die gelben Zucchettiblüten finden dort in vielen Gerichten Verwendung.

Zucchetti sind wie alle Kürbisgewächse stark wasserhaltig, kalorienarm und leicht verdaulich. Zucchetti, je nach Sorte grün, grünweiß gestreift, goldgelb oder weißlich, enthalten reichlich Vitamin C.

Erntezeit:	August bis Oktober
Aufbewahren:	Bei 8–12 °C 10–14 Tage
Vorbereiten:	Waschen, Stielansatz wegschneiden; nur ältere, schon ein wenig hartschalige Früchte müssen geschält werden. Diese eventuell auch halbieren und Kerne entfernen.
Zubereiten:	Roh, dämpfen, sieden im Dampf, braten. Sie entfalten ihr Aroma erst richtig beim Erhitzen.
Passende Kräuter und Gewürze:	Basilikum, Majoran, Oregano, Rosmarin
Überschüsse:	Dörren, sterilisieren, heiß einfüllen (Konfitüre, süß-sauer).
Hinweise:	Weitere Zubereitungsarten für Zucchetti finden sich unter den Kürbis- und Patissonrezepten.

Zucchetti-Kartoffel-Topf

400 g Zucchetti	in 4 mm dicke Scheiben schneiden
600 g Kartoffeln, roh	mit grober Raffel raffeln
2 Zwiebeln, gehackt 20 g Butter	dämpfen, Zucchetti kurz mitdämpfen, mit Kartoffeln mischen
2 dl Milch, 1 dl Rahm Muskat, Salz	mit Gemüse mischen
80 g Greyerzer, gerieben	beigeben

Das Ganze in einen gut ausgebutterten Brattopf oder eine runde Gratinform einfüllen, auf der Platte 30 Minuten köcheln lassen. Flüssigkeit sollte von den Kartoffeln aufgesogen sein. Dazu eine pikante *Tomatensauce* (S. 106) servieren

Farbiger Zucchettisalat

400 g grüne und gelbe Zucchetti	in 2 mm dicke Scheiben schneiden (große Scheiben vierteln oder achteln)
1 Eßlöffel Zitronensaft 1 Eßlöffel Essig Senf, Pfeffer, Salz	mit Schneebesen gut verrühren
2 Eßlöffel Joghurt, natur 2 Eßlöffel Sauerrahm	beigeben, nochmals gut rühren, über die Zucchetti gießen, mischen und ½ Stunde ziehen lassen

Zucchetti (Cucurbita pepo L.)

Zucchetti à la meunière

700 g Zucchetti	in 4 mm dicke Scheiben schneiden
2 Eßlöffel Mehl 1 Eßlöffel Basilikum, gehackt *oder* 1 Eßlöffel Liebstöckel, gehackt Salz	mischen, Zucchettischeiben darin wenden
3 Eßlöffel Olivenöl	erhitzen, Zucchettischeiben goldbraun braten, auf warmer Platte anrichten. Dazu *Tomatenmark* (S. 109) servieren

Südliche Zucchetti

600 g Zucchetti	in 2 cm große Würfel schneiden
4 Tomaten	vierteln
50 g Speck	mit Wiegemesser sehr fein schneiden, in Pfanne langsam erhitzen, bis er brutzelt
1 Zwiebel, gehackt	mit Zucchetti zugeben und dämpfen (5 Minuten), Tomaten beigeben
Petersilie, gehackt Oregano, Salbei, Salz, Pfeffer	würzen, das Ganze 10 Minuten leise kochen, anrichten
100 g Bergkäse, gerieben	darüberstreuen

Zucchettimousse

400 g Zucchetti	in Stücke schneiden, im Dampf weich kochen, 5–10 Minuten, pürieren
Basilikum, Petersilie, Salz	würzen, auskühlen lassen
1 Eßlöffel Zitronensaft 2 Eigelb 100 g Vollmilchquark	glattrühren und mit Masse mischen
2 Eiweiß, 1 Prise Salz	steif schlagen, sorgfältig darunterziehen und sofort in Gläser anrichten
1 Tomate	in Schnitze teilen und Mousse garnieren. Schmeckt auch gut als Brotaufstrich oder zu geschwellten Kartoffeln

Herbst: 23. September bis 21. Dezember

Bodenkohlrabi
Chinakohl
Herbstrübe
Knoblauch
Pak-Choi
Rotkohl
Stangensellerie
Weißkohl
Wirz
Zwiebel

Bodenkohlrabi/Speisekohlrübe

Bastarde seien die Kinder der Liebe, sagt man und hüllt den Rest in Schweigen. Werden die unverhofften Sprößlinge geliebt oder verachtet, begehrt oder kaltgestellt? Dem Bodenkohlrabi – vermutlich aus der Verbindung von Kohlrabi und Herbstrübe entstanden – war und ist beides beschieden.

In Zeiten, wo Schmalhans in den Küchen regierte, hatte der Bodenkohlrabi jeweils Konjunktur. Er war als »täglich Brot« nicht vom Tisch der armen Leute wegzudenken und nicht von ihren Äckern. Anspruchslos im Anbau, schnellwachsend und ertragreich hat er wohl manche Familie in Stadt und Land vor dem Schlimmsten bewahrt. Ehre ward ihm darob nicht zuteil, was folgende Anekdote aus dem süddeutschen Raum verdeutlichen mag: »Da frißt der kahle Hund welke Rüben, tritt vor die Haustür, stochert in den Zähnen, damit alle Bauern, die vorübergehen, meinen, er habe Fleisch gegessen.«

Mit aufkommendem Wohlstand ist der Bodenkohlrabi dann zunehmend in Vergessenheit geraten. Die »Arme-Leute-Kost« war nicht länger gefragt, wurde gar als minderwertiges Gemüse abgestempelt – sehr zu Unrecht, wie man heute weiß. Der Bodenkohlrabi, auch Speisekohlrübe, Steckrübe und Rutabaga genannt, enthält viel (Trauben-)Zucker, Mineralstoffe und Vitamine und ist sehr gesund. Feinschmecker und Feinschmeckerinnen sollen ihm jetzt auf die Spur gekommen sein: Sie graben nach alten Spezialitäten. Überlieferte Rezepte werden neu aufgelegt. Der Bodenkohlrabi kommt wieder in Mode.

Erntezeit:	September bis November
Aufbewahren:	Bei 0–5 °C. Lagergemüse
Vorbereiten:	Waschen, schälen, evtl. vorhandene Blätter zum Würzen beiseite legen, nochmals abspülen.
Zubereiten:	Roh, dämpfen, sieden im Dampf oder im Würzwasser.
Passende Kräuter und Gewürze:	Kümmel, Liebstöckel, Petersilie
Hinweise:	Bodenkohlrabi schmecken sehr gut, wenn sie nach den Rezepten für Mai- und Herbstrüben zubereitet werden oder wie der *Kürbisgratin* (S. 190) oder der *Chicorée an Käsesauce* (S. 150).

Bodenkohlrabi, gedämpft

600 g Bodenkohlrabi	in fingerdicke Stengel oder Würfel schneiden
20 g Butter	
1 Zwiebel, gehackt	mit Bodenkohlrabi dämpfen
Kerbel, gehackt	
Salz	würzen, leise kochen (15 Minuten)
1 Prise Zucker	kurz vor dem Anrichten beigeben und gut umrühren

Bodenkohlrabi, klassisch

1 kleine Rinds- oder Schweinezunge	über Nacht einlegen und 1½ Stunden vorkochen
300 g Bodenkohlrabi	
300 g Pfälzerrüben	in längliche Späne schaben (oder in Stücke schneiden)
2 Eßlöffel Öl	
1 Zwiebel, gehackt	mit Gemüse 10 Minuten dämpfen
2 dl Wasser (der Zunge)	ablöschen
Kerbel, Liebstöckel	würzen, Zunge auf Gemüse legen und das Ganze 25–30 Minuten köcheln, Zunge in feine Scheiben schneiden und auf Gemüse anrichten, mit Gschwellti oder Salzkartoffeln ein wärmendes Winteressen

Bodenkohlrabi (Brassica napus var. napobrassica L.)

Wintertopf

200 g gedörrte Apfel- oder Birnenschnitze (mit der Schale)	12 Stunden einweichen, abtropfen lassen
500 g Bodenkohlrabi	in Würfel (2–3 cm) schneiden
20 g Butter 1 Prise Zucker 1 Zwiebel, gehackt	mit Gemüse 5–10 Minuten dämpfen, Schnitze kurz mitdämpfen
2 dl Einweichwasser	ablöschen
Kerbel, gehackt Thymian, gehackt Salz	würzen, 10 Minuten leise kochen*
500 g Kartoffeln	in Würfel (2–3 cm) schneiden, zu Gemüse und Schnitzen geben und nochmals 15–20 Minuten leise kochen. Die Sauce sollte sämig eingekocht sein

* Bei Bedarf noch etwas Einweichwasser zugeben

Räbensalat

2 Eßlöffel Essig 2 Eßlöffel Süßmost Kerbel, gehackt Petersilie, gehackt Senf, Salz	mit Schneebesen gut verrühren
3–4 Eßlöffel Sonnenblumenöl	nochmals gut rühren
400 g Bodenkohlrabi	mit grober Raffel in Sauce raffeln, umrühren

Chinakohl

Chinakohl kommt von so weit her, wie der Name vermuten läßt. Seine Heimat ist die chinesische Provinz Kanton, bekannt durch ihre hervorragende und abwechslungsreiche Küche. Als 1644 die Ming-Dynastie gestürzt wurde, sollen viele Köche des kaiserlichen Haushalts in Peking nach Kanton geflüchtet sein und dort ihre Künste zur Vollendung gebracht haben. Der Ort war gut gewählt, denn Kanton verfügt(e) über eine reiche Auswahl an natürlich gewachsenen Nahrungsmitteln. Darunter befand sich auch besagter Kohl. Und weil die chinesische Küche, wie sie im Westen angeboten wird, lange Zeit identisch war mit den kantonesischen Spezialitäten, ist es gut möglich, daß gerade die stetig wachsende Nachfrage östlich inspirierter Köche und Köchinnen dazu geführt hat, daß Chinakohl auch in unseren Breiten angebaut wird. Jedenfalls war Chinakohl eines der ersten oft in chinesischen Rezepten vorkommenden Gemüse, die hierzulande auch frisch erhältlich wurden.

Chinakohl, der hier bei uns erst seit kurzem bekannt ist, gehörte in den ostasiatischen Ländern seit Jahrhunderten zu den wichtigsten Gemüsen schlechthin. Beim Chinakohl in seiner ursprünglichen kantonesischen Form ist es nicht geblieben. Die Japaner haben neue Hybridformen herangezüchtet. Diesem Umstand ist es zu verdanken, daß Chinakohl, oder mit anderem Namen Japankohl, auch in unseren Breiten gedeihen kann.

Dem Chinakohl, der ein ausgesprochenes Herbstgemüse ist und im Oktober und November geerntet wird, fehlt der typische Kohlgeschmack. Er hat wenig Kalorien, bläht kaum und ist damit auch empfindlichen Mägen sehr zu empfehlen. Chinakohl zeichnet sich aus durch seinen hohen Gehalt an Vitaminen und wertvollen Aminosäuren.

Erntezeit:	Oktober bis November
Aufbewahren:	Läßt sich, in Zeitungspapier eingewickelt, bei 0–5 °C 2–3 Wochen aufbewahren. Angeschnittene Flächen mit durchsichtiger Folie abdecken.
Vorbereiten:	Angetrocknete Blätter entfernen. In zwei Hälften geteilt, läßt er sich gut waschen. Wenn nur wenig Kohl gebraucht wird, nur die äußeren Blätter verwenden und den Mittelteil aufbewahren.
Zubereiten:	Roh, dämpfen, sieden im Dampf, sieden im Würzwasser.
Passende Kräuter und Gewürze:	Liebstöckel, Kümmel, Thymian
Überschüsse:	Einsäuern
Hinweise:	Folgende Kohlrezepte gelingen auch mit Chinakohl sehr gut: *Würzkabis* (S. 138), *Wintersalat* (S. 138), *Rotkohl gedämpft* (S. 130), *Bünteli* (S. 140), *Wirzsuppe* (S. 142), *Kabissalat traditionell* (S. 153), *Federtopf* (S. 152). Im weiteren läßt sich Chinakohl auch wie Chicorée zubereiten.

Chinakohlsalat riche

400 g Chinakohl	in feine Streifen schneiden
4 Eßlöffel Essig 1 Teelöffel Senf Pfeffer	mit Schneebesen gut verrühren
2–3 Eßlöffel Öl	unter Rühren beigeben. Chinakohl mit der Sauce mischen und 20 Minuten ziehen lassen
1 Karotte	in feine Scheiben schneiden und mit dem Salat mischen
100 g Speckwürfel	langsam erhitzen, bis Fett austritt
100 g Brotwürfel	zum Speck geben und goldbraun rösten. Über den Salat streuen und anrichten

Stichwort: **Grenzwerte/Höchstmengen.** Stoffe, die nicht auf natürliche Art in Lebensmittel eingebaut werden, dürfen laut Gesetz bestimmte Konzentrationen nicht übersteigen. Solche Stoffe sind beispielsweise Pestizide (Obst, Gemüse, Getreide) oder Leistungsförderer und Antibiotika (Tiermast) und zahlreiche Umweltgifte (z. B. Schwermetalle). Höchstmengen bzw. Grenzwerte werden festgelegt, um ein gesetzliches Instrumentarium zum Schutze der Konsumenten und Konsumentinnen zu schaffen. Grenzwerte werden meist über Tierversuche bestimmt. An der Übertragbarkeit der Resultate auf den Menschen sind Zweifel angebracht:

- Die Versuchstiere werden über kurze Zeit mit hohen Konzentrationen einer einzigen Chemikalie gefüttert. Damit ist nichts über die Risiken von dauerndem Verzehr kleiner Mengen und über das Zusammenwirken von verschiedensten, nicht natürlichen Stoffen im menschlichen Körper ausgesagt.
- Die im Labor isolierten Mäuse sind – im Gegensatz zu den Menschen – von allen schädlichen Umwelteinflüssen (z. B. Autoabgase, Industriedämpfe etc.) abgeschirmt und pflegen außerdem weder zu rauchen, noch Medikamente einzunehmen, noch Alkohol zu trinken ...
- Laborversuche lassen sich oft nicht einmal von einem Tier zum nächsten übertragen, geschweige denn vom Tier zum Menschen. Abgesehen davon, daß Mensch und Tier auf bestimmte Stoffe ganz unterschiedlich reagieren können, setzt sich die Bevölkerung nicht nur aus den Durchschnittsmenschen – erwachsen, gesund, 60 Kilo Gewicht – zusammen, für welche die Höchstmengen berechnet werden.

Grenzwerte bieten keine Gewähr für gesunde Nahrungsmittel. Nicht genug damit, daß die Laborversuche wenig aufschlußreich sind. Da die Chemiefirmen immer neue »Entdeckungen« machen, sind Produkte oft jahrelang im Gebrauch, bevor sie überprüft werden. Grenzwertverordnungen bieten überdies wenig Anreiz zur Produktion von möglichst rückstandfreien Nahrungsmitteln. Dies kann soweit führen, daß kontaminierte Nahrungsmittel mit rückstandsarmen gemischt werden, bis die Grenzwerte wieder unterschritten sind.

Chinakohlsalat, süß-sauer

400 g Chinakohl	in feine Streifen schneiden
4 Eßlöffel Süßmost 2 Eßlöffel Essig 1 Teelöffel Birnendicksaft oder Honig	mit Schneebesen gut verrühren
Pfeffer, Salz 4 Eßlöffel Sonnenblumenöl	unter Rühren dazugeben
2 säuerliche Äpfel	in feine Scheiben schneiden, sofort in die Sauce geben. Chinakohl unter die Sauce mischen und 20 Minuten ziehen lassen

Variante: mit Curry würzen und Öl durch Joghurt natur ersetzen

Milchkohl

800 g Chinakohl	in feine Streifen schneiden
1 Zwiebel, gehackt 20 g Butter	Chinakohl darin gut durchdämpfen
1 dl Milch	beigeben
Pfeffer, Muskat, Salz	würzen und etwa 10–15 Minuten leise kochen. Topf nicht ganz zudecken, da Milchflüssigkeit sonst überkochen kann

Chinakohl (Brassica pekinensis)

Herbstrübe

Die Herbstrübe ist, wie der Name besagt, eine im Herbst zu erntende Unterform der Speiserübe. Die Herbstrübe – oben scharlachrot, unten weißschalig mit weißem Fruchtfleisch, auch Stoppel-, Steckrübe, Weiße Rübe oder Räbe genannt – ist herber im Geschmack als die Mairübe.

Vor der Einführung der Kartoffeln spielten die Speiserüben eine wichtige Rolle bei der Ernährung der mitteleuropäischen Bevölkerung. In der Dreifelderwirtschaft des Mittelalters kam der Herbstrübe zudem große Bedeutung als Zwischenfrucht zu. Heute wird sie in Mitteleuropa nur noch in wenigen Regionen und kaum für den Frischmarkt angebaut. Die Ernte wird zu Sauerrüben (dem Sauerkraut ähnlich) verarbeitet und/oder zu kunstvoll geschnitzten »Räbeliechtli« (Laternen) verwendet. Herbstrüben enthalten viel Vitamin B, C und Kalzium.

Erntezeit:	September bis Oktober
Aufbewahren:	Bei 0–5 °C. Lagergemüse
Vorbereiten:	Waschen und schälen.
Zubereiten:	Saft der Sauerrüben, roh, dämpfen, sieden im Dampf oder im Würzwasser.
Passende Kräuter und Gewürze:	Dill, Liebstöckel, Kerbel, Kümmel, Petersilie, Wacholder
Überschüsse:	Einsäuern (Sauerrüben).
Hinweise:	Herbstrüben können auch wie Mairüben, Kohlrabi oder Bodenkohlrabi zubereitet werden. Versuchen Sie den *Kürbisgratin* (S. 190) mit Herbstrüben.

Freiburger Topf

200 g Herbstrüben	vierteln
1 kleiner Wirz	vierteln
400 g Rüebli	je nach Größe halbieren, vierteln
400 g Lauch	in 10 cm lange Stücke schneiden
400 g Sellerie	vierteln
2½ l Wasser 1 Zwiebel, besteckt Lorbeerblatt	aufkochen
600 g Siedfleisch vom Rind	beigeben, ¾ Stunde auf kleinem Feuer kochen. Lorbeerblatt und Nelken herausnehmen, Gemüse beigeben und 15 Minuten kochen
Salz, Pfeffer	würzen
600 g Kartoffeln	in große Stücke schneiden, beigeben, weitere 20 Minuten kochen lassen

Mit Preiselbeeren als Eintopf servieren oder Flüssigkeit abgießen, diese mit Safran würzen und als Vorspeise servieren. Das Gemüse zusammen mit dem Fleisch als Hauptgang servieren

Zuger Räbemus

600 g Herbstrüben	mit grober Raffel raffeln, in wenig Würzwasser 20 Minuten sieden (sollte am Schluß eingekocht sein)
Muskatnuß 1 Prise Salz 1 Prise Zucker	würzen und die Rüben zu einem Mus rühren
50 g Speck, Würfel	langsam erhitzen, so daß Fett austreten kann. Knusprig gebratene Speckwürfel über das Mus geben

Herbstrüben (Luzerner Art)

600–800 g Herbstrüben	in Stifte schneiden, im Dampf halbweich kochen (10 Minuten)
50 g Speck, Würfel	langsam erhitzen, so daß Fett austreten kann
1 Zwiebel, gehackt	in Speck dämpfen. Herbstrüben beigeben, während 10–15 Minuten ziehen lassen, kurz vor dem Servieren den Deckel entfernen und das Ganze leicht anbraten lassen
1 Federkohlblatt	ganz fein hacken, über die angerichteten Herbstrüben streuen

Rahmrüben

600 g Herbstrüben	in Stifte schneiden, im Dampf al dente sieden (10 Minuten)
30 g Butter	schmelzen (Chromstahlpfanne)
3 Eßlöffel Mehl	beigeben, kurz dämpfen, Pfanne von der Platte nehmen
2 dl Rübenwasser 1 dl Milch ½ dl Rahm	in Pfanne geben, mit Schneebesen glatt verrühren und zurück auf Platte. Unter ständigem Rühren eindicken lassen
Muskat, Pfeffer evtl. 1 Teelöffel Kümmel, gemahlen Salz	würzen, Rüben beigeben und auf kleiner Hitze (Sauce brennt sonst an) 10 Minuten ziehen lassen

Herbstrübe (Brassica rapa L. var. rapa Thell)

Knoblauch

Der Knoblauch aus der Familie der Liliengewächse soll als Gewürz-, Gemüse- und Heilpflanze schon seit rund 5000 Jahren bekannt sein. Seine Heimat ist Zentralasien, von wo aus er in der alten Welt rasche Verbreitung fand. Es scheint, als ob der Knoblauch seit seinen Kindertagen die Menschen in zwei Lager gespalten hat. »König der Gewürze« hat ihn Pythagoras, der große Philosoph von Samos, genannt. Bei den Römern bedeutete »Knoblauchesser« soviel wie »armer Schlukker«. Es versteht sich von selbst, daß sich die römische Noblesse den übermäßigen Konsum versagte und die scharfe Knolle – da sie stark und mutig macht – vor allem den Gladiatoren und Legionären überließ.

Im Mittelalter ist der Knoblauch im nördlichen Europa bekannt geworden. Hier galt er bald als bewährtes Mittel gegen Hexen, Vampire, Zauberei und ansteckende Krankheiten. Sein Ruf als »gesündestes Gewürz« ist ihm erhalten geblieben. Knoblauch, heute auch in Pillenform verkauft, gilt als eigentlicher Jungbrunnen. Er wirkt anregend auf den Blutkreislauf und die Verdauung, aber auch entzündungshemmend und wird als Vorbeugemittel gegen Darminfektionen und Magenkrankheiten eingesetzt. Er senkt den Blutdruck, wirkt der Verengung und Verkalkung der Arterien entgegen und verbessert damit die Sauerstoffversorgung der Herzkranzgefäße. Kräuterpfarrer Künzle empfiehlt ihn, roh genossen, gegen Gicht und Rheuma, in Milch gesotten, gegen Würmer, in Öl fritiert, gegen Ohrenschmerzen. Verwendet wird jeweils die abgeseihte Flüssigkeit.

Auch der eher unangenehmen Kehrseite des Knoblauchs läßt sich, wie der folgende Spruch aus der Jugendbewegung der 80er Jahre belegt, Positives abgewinnen: »Füttert eure Kinder mit Knoblauch, so findet ihr sie auch im Dunkeln.« Der starke Geruch wird vom ätherischen Öl Allicin, das nicht nur unseren Atem, sondern auch die Haut in ungewünschter Form parfümiert, hervorgerufen. Als Mittel danach empfehlen sich darum: das Kauen von Petersilie, Gewürznelken, Thymian, Majoran oder Pfefferminze, das gleichzeitige Kauen von Apfelschnitzen und Petersilie, das Einnehmen von Honig, das Trinken von Milch oder Kaffee oder das Ertränken des Knoblauchs in Wein.

Knoblauch, unter Gleichgesinnten genossen, stinkt nicht. Wer selber davon ißt, stößt sich nicht am Geruch der anderen.

Erntezeit:	Winterknoblauch: Juli Sommerknoblauch: August/September
Aufbewahren:	Gut getrocknet läßt sich Knoblauch an einem kühlen (0–5°C), aber nicht zu feuchten Ort 6–8 Monate aufbewahren.
Vorbereiten:	Knolle in Zehen zerteilen. Diese in der Hand etwas pressen, dadurch läßt sich das feine Häutchen leichter lösen.
Zubereiten:	Roh, Saft, dämpfen, sieden im Dampf oder im Würzwasser, braten.
Passende Kräuter und Gewürze:	Basilikum, Rosmarin, Thymian
Überschüsse:	Sterilisieren, in Öl einlegen.
Hinweise:	Mit Knoblauch können – je nach Geschmack – fast alle Gerichte gewürzt werden.

Skordalia (ca. 3 dl)

8 Knoblauchzehen	pressen
½ Teelöffel Salz Pfeffer	mit einem Löffelrücken gut mit dem Knoblauch mischen. Dabei sollte eine feste Paste entstehen
300 g Kartoffelwürfel	im Dampf weich sieden, im Passevite passieren, portionenweise mit der Paste mischen, auskühlen lassen
3 Eigelb	nach und nach in die ausgekühlte Paste rühren
1 dl Olivenöl	unter Rühren tropfenweise zugeben
2 Eßlöffel Zitronensaft ½ Zitronenschale, gerieben	abschmecken

Paßt gut zu gedämpften jungen Bohnen oder zu Dörrbohnen und Hülsenfruchtgerichten

Knoblauchsuppe

4–6 große Knoblauchzehen 8 große Salbeiblätter	sehr fein hacken
2 Eßlöffel Olivenöl	Knoblauch und Salbei darin 5 Minuten dämpfen
1 l Wasser	beigeben und aufkochen
Salz, Pfeffer	würzen und 20 Minuten köcheln lassen
4 Scheiben Brot Butter	Brotscheiben damit dünn bestreichen und in der Bratpfanne beidseitig goldbraun rösten. Je eine Scheibe in die vorgewärmten Suppenteller legen und Suppe darüber anrichten
Petersilie, gehackt	darüberstreuen und sofort servieren

Mandel-Knoblauch (ca. 3 dl)

3–5 Knoblauchzehen	pressen
1 dl Joghurt, natur 150 g Vollmilchquark	glattrühren, mit Knoblauch mischen
4 Eßlöffel Mandelsplitter	beigeben
Pfeffer, Salz	würzen

Paßt ausgezeichnet zu Hülsenfrucht-Eintöpfen, zu Gschwellti, Mais oder als Brotaufstrich. Die Knoblauchmenge kann variiert werden

Provenzalischer Aioli (ca. 5 dl)

1 Eßlöffel Paniermehl	
1 Eßlöffel Essig	5–10 Minuten ziehen lassen
8 Knoblauchzehen	pressen, mit Paniermehl und Essig mit einem Löffelrücken zu feiner Paste zerdrücken
4 Eigelb	nach und nach beigeben, gut rühren
Pfeffer, Salz	würzen, weiter rühren, bis die Masse dicklich wird
3 dl* Olivenöl	unter ständigem Rühren tropfenweise, später fließend beigeben
1 Eßlöffel Zitronensaft	beigeben
	In der Provence wird diese starke, kräftige Sauce meist zu Fischsuppe serviert

* Der Aiolo wird leichter, wenn das Olivenöl mit 150 g in heißem Wasser eingeweichtem Brot »gestreckt« wird. So braucht er nur 1 dl Olivenöl

Gebratene Knoblauchzehen

1 Knoblauchknolle	in Zehen zerlegen, nicht schälen
etwas Olivenöl	in heißem Öl 5–8 Minuten braten, Pfanne decken

Servieren zu: Peperoni, Zucchetti, Kürbis, Auberginen, Bohnen, Getreidegerichte, Ofenkartoffeln und Lammfleisch. Die Knoblauchzehen am Tisch (wie Crevetten) schälen

* Das Rezept stammt aus der Küche von Anne-Marie Haller

Knoblauch (Allium sativum L.)

Pak-Choi

Pak-Choi oder Paksoi wird in Südchina seit dem 15. Jahrhundert angebaut. Das in Asien weitverbreitete und sehr populäre Kohlgemüse ist ein Vorläufer des Chinakohls. Letzterer ist aus einer Kreuzung zwischen Pak-Choi und einer weißen Rübe hervorgegangen.

Pak-Choi, der außer im südostasiatischen Raum auch in Ost- und Westafrika, in Südamerika und in der Karibik seit langem bekannt ist, wird in Mitteleuropa gerade erst eingeführt. Den Anfang machten zu Beginn der 80er Jahre die Holländer, die ihn vorwiegend unter Glas kultivierten und damit Erfolg hatten. Pak-Choi, der in holländischen Treibhäusern das ganze Jahr über gezogen wird, ist dabei, sich in Deutschland und in Frankreich einen Markt zu erobern. Doch auch in unseren Breiten kann der Pak-Choi im Freilandanbau gedeihen, wie Kultivierungsversuche der Eidgenössischen Forschungsanstalt für Obst- und Gemüseanbau in Wädenswil (CH) 1984/85 gezeigt haben.

Im Geschmack ist Pak-Choi, auch chinesischer Senfkohl genannt, mit dem Kohlrabi vergleichbar, im Aussehen mit Krautstiel. Es können sowohl die weißen, knackigen, etwa 3 cm breiten Blattrippen als auch die grünen Blätter gegessen werden.

Pak-Choi ist kalorienarm und sehr reich an Vitamin C.

Erntezeit:	September bis Oktober
Aufbewahren:	Bei 0–5 °C 2–3 Tage
Vorbereiten:	Strunk zurückschneiden, einzelne Blätter abzwicken und gut waschen.
Zubereiten:	Roh, dämpfen, sieden im Würzwasser.
Passende Kräuter und Gewürze:	Petersilie
Hinweise:	Die Blattrippen des Pak-Choi lassen sich auch wie Spargeln oder Schwarzwurzeln, das Blattgrün wie Federkohl, Spinat, Neuseeländerspinat oder Schnittmangold zubereiten.

Pak-Choi-Salat

500 g Pak-Choi	in ½ cm lange Streifen schneiden
3 Eßlöffel Essig 1 Prise Pfeffer 1 Prise Salz	mit Schneebesen gut verrühren
1 Eßlöffel Sonnenblumenöl	beigeben, nochmals gut rühren
1 dl Rahm	steif schlagen, sorgfältig mit Sauce verrühren. Sofort mit Pak-Choi vermischen, anrichten
4–5 Baumnüsse	hacken und darüberstreuen

Pak-Choi, gedämpft

800 g Pak-Choi	in 2 cm lange Streifen schneiden
20 g Butter	Pak-Choi darin dämpfen
Schnittlauch	hacken, nach 5 Minuten beigeben und mitdämpfen
½ dl Weißwein	nach weiteren 5 Minuten beigeben
1 Knoblauchzehe, gepreßt Salz	beigeben, leise kochen lassen, bis Pak-Choi gar ist (5 Minuten)
½ dl Rahm	beigeben, aufkochen und anrichten
evtl. Petersilie, gehackt	darüberstreuen. Ergänzt sich gut mit Dinkel und Tomatensalat

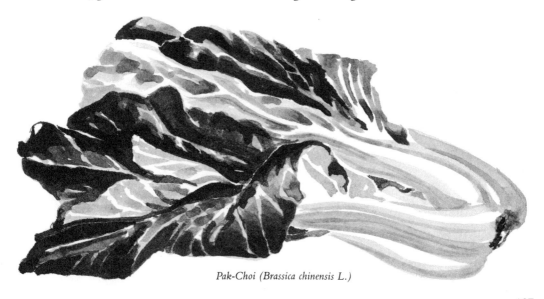

Pak-Choi (Brassica chinensis L.)

Gemüsepastete

Teig:

250 g Vollmehl	
½ Teelöffel Salz	
1 Prise Backpulver	
100 g Butter	mit kühlen Händen verreiben
1 Ei	
1–2 Eßlöffel Wasser	
1 Eßlöffel Essig	verquirlen, mit trockenen Zutaten anrühren und rasch zu einem feuchten Teig zusammenballen, mindestens 1 Stunde ruhen lassen. Essig macht den Teig sehr mürb, so daß er nach dem Backen länger »frisch« bleibt. So kann die Pastete auch kalt gegessen werden

Füllung:

20 g Butter	
1 Zwiebel, gehackt	
200 g Pak-Choi, Streifen	
200 g Rüebli in Scheiben	
100 g Sellerie, Würfel	
200 g Kartoffeln, Würfel	
200 g Lauch, Streifen	in Butter gut durchdämpfen, 5–10 Minuten, auskühlen lassen
200 g Vollmilchquark	
1 Ei	
2 Knoblauchzehen, gepreßt	
Salz, Pfeffer	glattrühren, mit ausgekühltem Gemüse mischen, sollte kompakte Masse ergeben

⅔ des Teiges zu beliebiger Form auswallen. Backblech leicht einfetten (damit sich die Pastete nach dem Backen leichter anrichten läßt), Teig darauflegen. Gemüsefüllung satt auf Teig streichen. Ringsum 2 cm Rand vorstehen lassen. Diesen mit Eiweiß bestreichen. Restlichen Teig in gleicher Form um ca. ein Drittel größer auswallen. Dampfloch ausstechen. Teig sorgfältig auf Füllung legen. Was größer ist als die 2 cm Rand, abschneiden (Reste für Garnitur). Ränder gut aufeinanderdrücken, einrollen, mit Gabel verzieren, mit Eigelb bestreichen, garnieren (wenn möglich, nochmals ½ Stunde kühl stellen. Nochmals mit Eigelb bestreichen). Bei 220°C 35–45 Minuten backen

Gorgonzola-Sauce S. 104, *Mandel-Knoblauch* S. 124 oder *Meerrettichquark* S. 171 passen ausgezeichnet zur Gemüsepastete

Rotkohl/Rotkabis

»Als das die Artzer ins Römisch Reich kommen / haben sich die Römer sechs hundert jar mit Kölkreutteren beholffen / dermassen das kein kranckheit je war under dem Volck / welcher nit mit Kölkraut begegnet unnd geholffen ist worden« (Hieronymus Bock, Kräuterbuch, 1577, Faksimile).

Welcher Kohl nun die Römer so umfassend gesund gemacht hat, ist nicht ganz klar. Zwischen Rot- und Weißkohl beispielsweise – beide gehören neben dem Wirz zu den sogenannten Kopfkohlarten – wird erst seit dem 11. Jahrhundert unterschieden. Die erste nachweisliche Unterteilung findet sich in den Kräuterbüchern der heiligen Hildegard.

Von seinem Bruder, dem Weißkohl, unterscheidet sich der Rotkohl hauptsächlich durch die Farbe und den höheren Vitamin-C-Gehalt. Rotkohl ist reich an Ballaststoffen und leichter verdaulich als weißer Kohl. Es kann fast als Regel gelten: Je weiter sich die einzelnen Arten vom einfachen weißen Kohl »entfernen« – sei es nun durch die Farbe, die Größe oder durch die Form der Blätter –, um so besser bekommen sie unserer Verdauung.

Rotkohl wird – wie auch Weißkohl und Wirz – in Mitteleuropa in ausreichenden »Freiland«-Mengen angebaut. Leider schlagen die Konsumentinnen und Konsumenten einen immer größeren Bogen um die altbekannten Köpfe und peilen vorab »feinere« Import- bzw. Gewächshausgemüse an. Schade eigentlich, denn Rotkohl schmeckt nicht nur gut, er sieht auch gut aus.

Wem an der roten Farbe gelegen ist, sollte bei der Zubereitung keine Gefäße aus Aluminium verwenden. Rotkohl verfärbt sich beim Kochen in Alupfannen blaugrau und bekommt einen leichten Metallgeschmack. Was beim Rotkohl besonders kraß ins Auge sticht – Veränderung der Farbe –, gilt in abgeschwächter Form auch für alle anderen Gemüse, sie vertragen sich im allgemeinen nicht mit Aluminium.

Erntezeit:	Frühkohl: von Juli bis Oktober Lagerkohl: ab Ende Oktober bis April
Aufbewahren:	Bei 0–5 °C 10–15 Tage aufbewahren, Schnittfläche mit Folie abdecken. Zum Einlagern über Winter müssen spezielle Lagersorten verwendet werden.
Vorbereiten:	Äußere und angetrocknete Blätter wegschneiden, waschen. Zur Entfernung des Strunks Kopf halbieren oder vierteln.
Zubereiten:	Roh (Salat sofort mit Sauce mischen, damit Farbe erhalten bleibt), dämpfen, sieden im Dampf.
Passende Kräuter und Gewürze:	Dill, Kümmel, Rosmarin, Senf, Thymian, Wacholder
Überschüsse:	Einsäuern (Sauerkraut); eingesäuertes Rotkraut am besten als Salat genießen, beim Kochen verliert es die durch das Einsäuern intensiver gewordene rote Farbe.
Hinweise:	Neben den meisten Kohl- und Wirzrezepten empfehlen sich vorab folgende Zubereitungsarten: *Kabissalat traditionell* (S. 153), *Würzkabis* (S. 138), *Wintersalat* (S. 138).

Rotkohl, gedämpft

1 Rotkohl (ca. 1 kg)	achteln, in feine Streifen schneiden
2–3 Eßlöffel Öl 1 Zwiebel, gehackt	mit Rotkohl gut dämpfen
Wasser, evtl. Rotwein	ablöschen
1 saurer Apfel 1 kleine Kartoffel	hineinreiben
Thymian, Pfeffer 1 Prise Zucker Salz	würzen und weich dämpfen (20–30 Minuten)
1–2 Eßlöffel Essig	vor dem Anrichten beigeben und abgedeckt noch einmal aufkochen. Sofort anrichten

Dieses Rotkohlgericht schmeckt ausgezeichnet zu *Wurzelmarroni* (S. 167), Kartoffeln und geschlagenem Rahm oder zu mit Preiselbeeren gefüllten Äpfeln, glasierten Kastanien und Wild oder Kaninchen. Anstelle von Rotkohl kann auch Weiß-, Feder-, Chinakohl oder Wirtz verwendet werden. In diesem Fall keinen Essig verwenden

Rotkohl (Brassica oleracea L. var. capitata L. f. rubara)

Roter Sauerkrautsalat

wenig Senf
Pfeffer
1 Prise Zucker
Thymian
3 Eßlöffel Sauerkrautsaft
oder Essig   mit Schneebesen verrühren

2 Eßlöffel Öl
2 Eßlöffel Rahm   beigeben, rühren

400 g Sauerkraut, roh   locker beigeben, umrühren

Varianten:
a) 1 Zwiebel, geraffelt   beimengen
b) 1 Apfel, gewürfelt   unterziehen
c) einige Baumnüsse, gehackt   darüberstreuen
d) einige Sultaninen   unterziehen

Stichwort: **Pflanzliches Eiweiß.** »Der Mensch braucht für eine gesunde Ernährung Fleisch.« Diese Ansicht ist weit verbreitet, trifft aber nur bedingt zu. Pflanzliche Produkte, richtig kombiniert und ergänzt mit Milch und Eiern, ergeben ein Eiweißgemisch, das mindestens so wertvoll ist wie tierisches Protein. Schmackhafte und auch ernährungsphysiologisch vorteilhafte Zusammensetzungen sind beispielsweise in den folgenden Kombinationen enthalten:

Milch- und Milchprodukte	plus	Brotgetreide oder Mais oder Hülsenfrüchte oder Kartoffeln oder Nüsse
Brotgetreide	plus	Hülsenfrüchte oder Nüsse
Kartoffeln	plus	Milch- und Milchprodukte oder Eier
Hülsenfrüchte	plus	Milch- und Milchprodukte oder Eier oder Mais oder Brotgetreide oder Nüsse
Eier	plus	Kartoffeln oder Hülsenfrüchte

Stangensellerie

Der Sellerie ist ein Weltenbürger – bloß die Schweiz hat er sich ausgespart: Als Wildpflanze kommt er (gemäß dem Standardwerk des Botanikers Hegi) ganz im Gegensatz zum übrigen Europa, Afrika, Asien, Nord- und Südamerika, Australien und Neuseeland hier nicht vor. Auch in der kultivierten Form des Stangensellerie tut er sich vom Anbau her in der Schweiz und – etwas vermindert auch – in Deutschland eher schwer. Ganz anders in den Ländern Südwesteuropas und in England: Dort ist, im Gegensatz zum Stangensellerie, der Knollensellerie fast unbekannt.

Der Stangensellerie – schlanker Bruder der knolligen Wurzel – ist erstmals im 17. Jahrhundert in Frankreich und Italien kultiviert worden. Seinen Beinamen »Bleichsellerie« hat er davon, daß er früher – damit hat man das Ausfasern der Blattstiele verhindert – durch Zusammenbinden und Anhäufeln von Erde »geweißt« wurde. Neuere Züchtungen haben diese Prozedur überflüssig gemacht.

Stangensellerie ist im Geschmack zarter als Knollensellerie. Wie dieser zählt auch Stangensellerie zu den ausgesprochen gesunden Gemüsen. Der typische Geschmack rührt von einem ätherischen Öl her, dem Sellerieöl. Dieses Öl wirkt zusammen mit den reichlich enthaltenen Mineralsalzen entwässernd und verstärkt die Säurebildung des Magens. Außerdem enthält Stangensellerie die Vitamine A und B sowie bemerkenswerte Mengen an Vitamin C.

Abgesehen von Stangen- und Knollensellerie, gibt es auch Schnittsellerie, der der großblättrigen Petersilie ähnlich sieht und wie diese zum Würzen gebraucht wird. Wer in der Küche freigebig mit Sellerie umgeht, kann – dank der pflanzeneigenen Mineralsalze – eine Menge Kochsalz einsparen.

Erntezeit:	August bis Oktober
Aufbewahren:	Bleibt, in Papier eingewickelt, bei 0–5°C zwei Wochen »frisch«.
Vorbereiten:	Die einzelnen Blattrippen abbrechen, Herz ganz belassen, gut waschen.
Zubereiten:	Roh, dämpfen, sieden im Dampf.
Passende Kräuter und Gewürze:	Oregano, Rosmarin, Selleriekraut
Überschüsse:	Dörren, sterilisieren.
Hinweise:	Weitere geeignete Rezepte: *Krautstielsalat gekocht* (S. 87), *Gschwellte Schwarzwurzeln* (S. 181), *Schwarzwurzelsalat* (S. 181), *Rassige Schwarzwurzeln* (S. 182), *gestreifte Schwarzwurzeln* (S. 182), *Kardysalat* (S. 156), *Kardy mit Zwiebeln* (S. 156), *Kardy-Ei* (S. 156).

Stangensellerie-Salat

500 g Stangensellerie	in ½ cm lange Stücke schneiden
3 Eßlöffel Essig Oregano, gehackt Selleriekraut, gehackt Paprika, Pfeffer, Salz	mit Schneebesen gut verrühren
4 Eßlöffel Sonnenblumenöl	beigeben, nochmals gut rühren
evtl. 4 Eßlöffel gekeimte Weizenkörner	über den angerichteten Salat streuen

Stangensellerie mit Zwetschgensauce

800 g Stangensellerie	in 10–12 cm lange Stücke schneiden. Im Dampf al dente sieden (10 Minuten). Abtropfen lassen und auf einer Platte anrichten
250 g Zwetschgen, sehr reif	Stein entfernen, schneiden, im Passevite pürieren
200 g Vollmilchquark	mit den pürierten Zwetschgen schaumig rühren
Pfeffer	etwas abschmecken

Stangensellerie als Vorspeise oder mit Brot zusammen als leichtes Nachtessen servieren

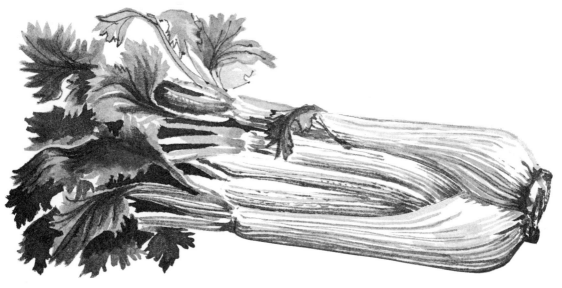

Stangensellerie (Apium graveolens L. var. dulce)

Stangensellerie mit Markschnitten

750 g Stangensellerie	nach dem Waschen die weißen Stengel von den grünen Blättern trennen
1 l Wasser 3–4 Rindsmarkknochen 1 Zwiebel	miteinander zum Sieden bringen
1 Rüebli 1 kleiner Lauch Stangenselleriegrün	ins siedende Wasser geben und 30 Minuten leise kochen
	Gemüse herausnehmen, fein schneiden und im Mehlsieb zur Seite stellen. In der Zwischenzeit die weißen Selleriestengel in der Bouillon weich sieden (10–15 Minuten). Auf feuerfeste Platte anrichten. Das Mehlsieb mit dem geschnittenen Gemüse in die Bouillon tauchen (warm halten)
4 Scheiben Brot 20 g Butter, weich 2 Knoblauchzehen, gepreßt	mischen, je eine Seite der Brotscheibe damit bestreichen. Diese Seite in der Bratpfanne goldbraun braten. Die andere Seite mit dem Knochenmark bestreichen
Salz	darüberstreuen. Die Schnitten vierteln, auf die angerichteten Selleriestangen schichten. Das geschnittene Gemüse gut abtropfen lassen und neben dem Brot über den Sellerie verteilen. Die farbige Platte zudecken und zuerst die Bouillon genießen, dazu mit
1–2 Eßlöffel Weißwein	Bouillon abschmecken und mindestens 5 Minuten kochen

Weißkohl/Weißkabis

Weißkohl ist unter verschiedenen Kulturformen bekannt. Man unterscheidet zwischen frühen und späten Sorten, solchen, die eher zum Lagern geeignet sind, und dem Einschneidekohl zur Herstellung von Sauerkraut. In irgendeiner Form ist er das ganze Jahr über erhältlich. Doch leider ist er immer weniger gefragt. Die einen meiden ihn wegen seines schlechten Rufs als Gefängnis- und Arme-Leute-Kost, die anderen wegen der Verdauung. Allen kann geholfen werden.

Weißkohl ist nicht nur billig, sondern auch umweltfreundlich. In Sachen Weißkohl sind die Schweiz und Deutschland praktisch selbstversorgend – und zwar im Freilandbau –, was weite Transportwege und viel Energie einspart. Im Winter kann Weißkohl ohne Tiefkühlung in geeigneten Kellern gelagert werden, und auch die besondere Konservierungsform von Weißkohl als Sauerkraut kommt praktisch ohne Fremdenergie zustande.

Überhaupt Sauerkraut: etwas Gesünderes kann man kaum zu sich nehmen. Die mauerbauenden Chinesen sollen sich hauptsächlich auf die Kraft des Sauerkrauts (versetzt mit Reis) verlassen haben. Mittels Sauerkraut hielten sich die Seefahrer den gefürchteten Skorbut vom Leib. Auch Kräuterpfarrer Künzle ist, was das Sauerkraut betrifft, des Lobes voll: So soll es die Magennerven anregen, die Verdauung fördern, kurz, einen guten Magen machen.

Sauerkraut, vor allem roh gegessen – um die Milchsäurebakterien, auf deren Konto ein guter Teil der positiven Wirkungen des Sauerkrauts geht, zu erhalten –, ist bekömmlicher als Weißkohl, was aber nicht gegen den Genuß des letzteren spricht. Weißkohl ist als Lieferant der Vitamine B_1, B_2 und C und ansehnlicher Mengen von Mineralstoffen nicht zu verachten.

Wer dem Weißkohl bzw. der eigenen Verdauung nicht recht trauen mag, soll den Kohl »entblähen«: kurz im Salzwasser sieden, das Wasser abgießen und erst dann mit dem eigentlichen Zubereiten beginnen. Ein paar dem Kochwasser beigegebene Kamillenblüten können wahre Wunder wirken. Eventuell auftretenden Blähungen kann durch das Kauen von Kümmel oder das Trinken von Fencheltee abgeholfen werden.

Möglichst roh und gut gekaut, so ist Kohl schnell verdaut. Wenn er überdies noch aus biologischem Anbau stammt – die penetranten Düfte aus der Pfanne und die Blähungen sind meist auf Überdüngung zurückzuführen –, kann eigentlich nichts mehr schiefgehen.

Erntezeit:	Frühkohl ab Juli, Herbstkohl ab September, Lagerkohl ab Ende Oktober.
Aufbewahren:	Bei 0–5 °C 10–15 Tage aufbewahren. Schnittfläche mit Folie abdecken. Zum Einlagern spezielle Lagersorten verwenden.
Vorbereiten:	Äußere und angetrocknete Blätter wegschneiden, waschen. Zum Entfernen des Strunks Kopf halbieren oder vierteln.
Zubereiten:	Roh, Saft (Sauerkraut), sieden im Würzwasser, sieden im Dampf, dämpfen.
Passende Kräuter und Gewürze:	Dill, Kümmel, Rosmarin, Senf, Thymian, Wacholder
Überschüsse:	Dörren, sterilisieren, einsäuern.
Hinweise:	Ergänzend seien vor allem folgende Rezepte empfohlen: *Kabissalat traditionell* (S. 153), *Rotkohl gedämpft* (S. 120), *Federtopf* (S. 152).

Sauerkrautauflauf

etwas Butter	Auflaufform damit ausstreichen
750 g Sauerkraut, gekocht	darin verteilen
1 große Zwiebel	in Streifen schneiden und
100 g Speck, Würfel	auf Kraut verteilen
500 g Kartoffeln (oder Kartoffelstockreste)	in feine Scheiben schneiden, auf Speck verteilen, evtl. leicht salzen
3 dl Sauerkrautsaft	in Form geben
Butterflocken	darüberstreuen, bei 220°C zugedeckt 30 Minuten backen. Deckel entfernen
50 g Reibkäse	auf Kartoffeln streuen, nochmals 10–15 Minuten backen

Variante: Statt Reibkäse schon zu Beginn Apfelschnitze beigeben

Sauerkraut

1 Eßlöffel Öl 1 Zwiebel, gehackt 1 Knoblauchzehe, gepreßt	dämpfen
1 kg Sauerkraut	locker beigeben, kurz mitdämpfen
1–2 dl Wasser 1–2 dl Apfelwein oder Weißwein	ablöschen
1 Lorbeerblatt 2 Nelken 6 Wacholderbeeren	in Leinensäckchen binden und mitkochen
1 Apfel, sauer	mit feiner Raffel hineinreiben und das Ganze eine Stunde schmoren
1 Kartoffel, roh	mit feiner Raffel hineinreiben, gut mischen und 15 Minuten kochen lassen

¾ Stunden vor dem Anrichten können geschälte und halbierte Kartoffeln auf dem Kraut mitgekocht werden. In diesem Falle erübrigt sich das Hineinreiben der Kartoffel. Es lohnt sich, die doppelte Menge Sauerkraut zu kochen. Aufgewärmt, mit Apfelschnitzen und Kartoffeln ist dies eine Spezialität

Sauerkrautsuppe

30 g Butter	in Pfanne zergehen lassen
2 Eßlöffel Mehl	kurz mitdämpfen, von Platte nehmen
1 l Fleischsuppe vom Siedfleisch	unter Rühren beigeben, auf Feuer zurückstellen, unter Rühren aufkochen
300 g Sauerkraut	fein hacken, beigeben und die Suppe 40 Minuten kochen. Nach Bedarf etwas Flüssigkeit zugeben
200 g Suppenfleisch, gekocht	in Würfel schneiden, beigeben
Pfeffer wenig Paprika	würzen
1 dl Sauerrahm	einrühren
1 Eigelb	in Schüssel verquirlen, die Suppe unter Rühren darübergießen

In Rußland – woher das Rezept ursprünglich auch stammt – wird diese Sauerkrautsuppe bei Gichtleiden über längere Zeit zusammen mit dunklem Brot genossen. Die im Körper befindliche Harnsäure kann damit gelockert und ausgeschieden werden

Weißkohl (Brassica oleracea L. var capitata L. f. alba)

Würzkabis

1 Eßlöffel Kümmel	
6 Kamillenblüten	
1 Zweig Thymian	
10 Pfefferkörner	in Leinen oder Baumwollstoff einbinden
ca. 1 l Wasser	mit Gewürzsäckchen zum Sieden bringen
1 kg Kabis	achteln und im Wasser weich sieden (10–15 Minuten). Gut abtropfen und auf Platte anrichten
20 g Butter	
2 Knoblauchzehen, gepreßt	
1 Zwiebel, gehackt	kurz dämpfen und über die Kabisstücke gießen

Wintersalat

300 g Kabis	hobeln oder fein schneiden
1 Teelöffel Senf	
Pfeffer, Salz, Thymian	
4 Eßlöffel Essig	mit Schneebesen gut verrühren
2 Eßlöffel Öl	
3 Eßlöffel Vollmilchquark	beigeben, nochmals gut rühren
	Über den gehobelten Kabis gießen, von Hand oder im Holzmörser stampfen, umrühren, 30 Minuten ziehen lassen
200 g Sellerie	
200 g Äpfel	mit grober Raffel hineinreiben, umrühren

Stichwort: **Bestrahlung.** Lebensmittel mit radioaktiver Bestrahlung zu konservieren, ist bis heute in der Schweiz und in der Bundesrepublik untersagt. Können wir darum sicher sein, keine bestrahlte Nahrung zu konsumieren? Leider nein. Zum einen ist das Verbot der Bestrahlung als Konservierungsmethode von »Frischprodukten« (Kartoffeln, Gemüse, Obst, Gewürze und Fleisch) nicht gesamteuropäisch verbindlich, zum anderen gibt es bis heute keine Methode, mit der nachgewiesen werden könnte, ob bestrahlt wurde oder nicht.

Problematisch ist die Bestrahlung vorab aus folgenden Gründen:

- Vitamine werden teilweise zerstört und
- neue, unerwünschte Stoffe entstehen (z. B. Formaldehyd und Wasserstoffperoxid)

Eine gute Alternative bieten kontrollierte Bio-Produkte: für diese gilt weltweit ein Bestrahlungsverbot.

Wirz/Wirsing

Die Heimat des Wirz liegt, wie seine verschiedenen Namen Welschkraut, Savoyerkohl, Chou de Milan vermuten lassen, im nördlichen Mittelmeerraum. Die neuhochdeutsche Bezeichnung Wirsching – erwähnt wird der Wirz zum ersten Mal im 16. Jahrhundert – kommt vom lombardischen »verza«, das auf das lateinische »virida«, das soviel heißt wie »Grünzeug«, zurückgeht. Und grün ist er wirklich, und zwar rund ums Jahr, und immer frisch zu haben.

Die Rede ist vom leichtkopfigen Wirz, von dem bei uns vier verschiedene Sorten angebaut werden: Früh-, Sommer-, Herbst- und Winterwirz. Als zusätzliche Variante gibt es noch den schwerkopfigen Lagerwirz – die Vorräte reichen von November bis Mai –, der eine hellere, fast weiße Farbe aufweist.

Wirz ist nahrhaft und zudem noch vitaminreicher und leichter verdaulich als Weißkohl. Für Suppengerichte ist er – anders als der Weißkohl, denn dieser macht Suppen gern süß – geradezu prädestiniert.

Wirz gehört zusammen mit Weiß- und Rotkohl zu den Kopfkohlarten, weist aber im Unterschied zu den beiden anderen mehr oder weniger stark gekrauste Blätter auf. Diese Blätter sollen es in sich haben. Wenn von der Heilwirkung der Kohlgewächse die Rede ist – und das war im Laufe der Jahrhunderte immer wieder der Fall –, wird dem Wirz eine ganz besondere Bedeutung zugesprochen. Die heilenden Kräfte des Kohls beruhen anscheinend weniger auf besonderen Stoffen, sondern vielmehr in ihrer Affinität zu giftigen Säften. Um gesundbringend zu wirken, müssen Kohlblätter darum weniger gegessen als vielmehr aufgelegt werden. Kohlwickel, die u. a. bei Hautkrankheiten, Verletzungen und Rheuma angewandt werden, fördern das Ausscheiden von giftigen Stoffen durch die Haut. Wirzblätter sollen dabei die besten Resultate zeitigen.

So wird ein Kohlwickel gemacht: Man nehme ein paar dicke grüne Blätter, mache sie mit dem Wallholz weich und geschmeidig, wärme sie etwas an, lege sie auf die zu behandelnde Stelle und fixiere sie mit einem Verband. Kohlwickel sollten morgens und abends erneuert und die betroffenen Körperstellen jeweils mit warmem Wasser abgerieben werden.

Erntezeit:	Ab Juli, Lagerung ab Ende Oktober. Für tiefe Lagen gibt es auch frostharte Sorten.
Aufbewahren:	Siehe Weißkohl.
Vorbereiten:	Siehe Weißkohl.
Zubereiten:	Roh, dämpfen, sieden im Dampf, sieden im Würzwasser.
Passende Kräuter und Gewürze:	Kümmel, Liebstöckel, Thymian
Überschüsse:	Dörren, sterilisieren.
Hinweise:	Mit Wirz können alle Rezepte der verschiedenen Kohlgemüse ausprobiert werden. Gut schmeckt der Wirz, wenn er nach den Rezepten für Lattich, Spinat oder Neuseeländerspinat zubereitet wird.

Gefüllter Wirz

1 Wirz, ganz	außen gut waschen, dann (Strunk nach oben) 30 Minuten in Salzwasser legen, damit Erde und Ungeziefer sich zwischen den Blättern herauslösen. Abtropfen lassen und in Würzwasser 20–30 Minuten knackig sieden. Abtropfen lassen, die äußeren Blätter zurückbiegen und das Herz mit Hilfe eines Löffels und Messers herauslösen und fein hacken
150 g Haselnüsse	grob hacken und im Backofen bei 220°C rösten
600 g Kartoffelstockreste	mit Nüssen und dem gehackten Kohlinneren mischen
2 Eier, aufgeschlagen	verquirlen und beigeben
Muskat, Petersilie	würzen. Kohl in gebutterte Gratinform stellen, füllen und oben in Füllung eine Vertiefung drücken
Butterflöckchen	bestreuen
1–2 dl Weißwein	in Form gießen, das Ganze im vorgeheizten Ofen (Haselnüsse) backen. Nach 20 Minuten ein Ei in Vertiefung aufschlagen und nochmals 10 Minuten backen. Salat dazu servieren

Varianten der Füllung: Kartoffelstock und Käse; verschiedene Gemüsereste (mit Ei binden); gekochte Getreidereste mit Pilzen oder mit Käse

Bünteli

200 g altes Brot, Würfel	in Schüssel geben
1 dl Bouillon, heiß	darübergießen, 20–30 Minuten stehenlassen
1 Wirz	Strunk entfernen, die einzelnen Blätter sorgfältig lösen, Rippen flach schneiden, in Würzwasser 3–5 Minuten sieden. 8 große Blätter (oder jeweils 2 kleine zu einem großen machen) einzeln auf Tisch auslegen, die ganz kleinen Blätter hacken und zur Brotmasse geben
1 Zwiebel, gehackt Rosmarin, Petersilie Basilikum, gehackt	in Brotmasse geben
2 Knoblauchzehen, gepreßt	beigeben. Die Masse gut durchkneten, auf die Wirzblätter verteilen und diese aufrollen
2 Eßlöffel Öl	erhitzen, Bünteli darin leicht braten
1–2 dl Weißwein	ablöschen, zugedeckt auf kleinem Feuer 20 Minuten schmoren lassen

Walliser Eintopf

200 g Dörrbirnen	12 Stunden einweichen, abtropfen lassen
300 g Wirz 400 g Karotten 200 g Sellerie 400 g Lauch	in große Stücke schneiden
2 Eßlöffel Öl 1 Zwiebel, gehackt	mit Gemüse 10 Minuten dämpfen, Birnen zugeben
2 dl Wasser 1 dl Weißwein	ablöschen
300 g Rippli oder Speck	darauflegen. Das Ganze auf kleinem Feuer ca. 30 Minuten leise kochen
500 g Kartoffeln	in große Stücke schneiden, in den Topf geben und weitere 20–30 Minuten kochen
Pfeffer, Salz	evtl. kurz vor dem Anrichten abschmecken

Wirz (Brassica oleracea L. var. sabauda L.)

Wirzsuppe

250 g Wirz	fein schneiden
2 Eßlöffel Öl	Wirz dämpfen
2 Eßlöffel Mehl	darüberstreuen, unter Rühren kurz mitdämpfen
1 l Wasser	zugeben, umrühren
Paprika, Kümmel, Salz	würzen
3 Knoblauchzehen, ganz	beigeben, ca. 30–60 Minuten leise kochen lassen. Das Mehl kann durch gekochte Getreidekörner oder 1 Kartoffel (feingewürfelt) ersetzt werden

Stichwort: **Samenbank.** Mit der zunehmenden Industrialisierung der Landwirtschaft geht die Zerstörung der Artenvielfalt einher. Geschützt, produziert und weiterentwickelt werden vorab jene Pflanzen, die hohe Erträge versprechen und maschinell geerntet werden können. Andere Pflanzen werden vernachlässigt und sind vom Aussterben bedroht.

Mit jeder Pflanzensorte, die ausstirbt, gehen Gen-Ressourcen, die vielleicht noch für Zuchtarbeiten gebraucht werden könnten, unwiederbringlich verloren. Um die Verluste bei den Kulturpflanzen zu minimieren, werden Samenbanken angelegt. Die Gene sind somit vordergründig in Sicherheit gebracht, sicher sind sie darum nicht: Gen-Banken sind äußerst anfällige Institutionen. Ein Stromausfall, eine Feuersbrunst oder andere nicht voraussehbare Ereignisse können immense Schäden anrichten.

Besser als das Einfrieren von Samen und Knollen wäre eine Landwirtschaft, die sich nicht nur am kurzfristigen Gewinn orientiert, und eine Umwelt, in der auch Pflanzen, die keine Lobby haben (Wildkräuter, »Unkräuter«), überleben können.

Stichwort: **Pflanzenpatent.** Wer eine neue Gemüsesorte züchtet, kann diese »Erfindung« patentieren lassen und sich so das Monopol über deren Vertrieb und Verbreitung sichern. Neue Abhängigkeiten entstehen.

Neue Züchtungen sind je länger je mehr nur noch dank einem Rückgriff auf das große Gen-Reservoir der Dritten Welt möglich. Dort werden Kulturpflanzen geholt, deren Gene den hiesigen Sorten eingekreuzt werden. Natürlich wird für diese »Importe« kaum je bezahlt. Zahlen müssen später die Länder der Dritten Welt, die bei den Patenthaltern für teures Geld jene Pflanzensorten kaufen müssen, die es ohne ihr Zutun gar nicht gäbe.

Infolge der zunehmenden Ausbreitung der industriellen Landwirtschaft in der Dritten Welt (grüne Revolution) ist die Sortenvielfalt der Kulturpflanzen auch dort bereits arg zusammengeschrumpft.

Zwiebel

Wilde Stammformen der Zwiebel sollen von den Menschen im Kaukasus bereits vor 5000 Jahren genutzt worden sein. Erste hieroglyphische Beweise für die Verwendung der Zwiebel finden sich im Jahr 3000 v. Chr. in Ägypten. Dort war sie Grundnahrungsmittel und Opfergabe zugleich. Wer einen Eid schwören mußte, tat dies bei der heiligen Zwiebel – und ohne Zwiebel gäbe es vielleicht keine Pyramiden. König Cheops und andere Pharaonen pflegten ihre schwerarbeitenden Sklaven mit Zwiebeln auf Vordermann zu bringen bzw. am Leben zu erhalten. Gleiches widerfuhr im Römischen Reich den Legionären. Auch sie mußten sich vorwiegend von Fladenbrot, Öl, Knoblauch und Zwiebeln ernähren. Mit den römischen Soldaten gelangte die Zwiebel im 1. Jahrhundert n. Chr. nach Mitteleuropa, wo sie lange Zeit nicht besonders geschätzt wurde: »Ist der Vernunft und dem Sinn schädlich... erweckt Unkäusch.«

Die Zwiebel fand nördlich der Alpen erst im späten Mittelalter Verbreitung als Gewürz-, Gemüse- und Orakelpflanze. Überall im deutschsprachigen Raum sollen Bauern – um die Witterung des kommenden Jahres zu erkunden – in der Christnacht zwölf Zwiebelschalen, die zwölf Monate darstellend, mit Salz bestreut haben. Von Schalen, die bis zum Morgen trocken blieben, versprach man sich trockenes Wetter, von den anderen Regen. Zwiebeln galten überdies wie Knoblauch – beide gehören zu der Familie der Liliengewächse – als Mittel gegen Hexen.

Zwiebeln weisen hohe Kalium- und Magnesiumwerte auf. Sie enthalten zudem relativ viel Vitamin A und C. Zwiebeln, d. h. die Substanz Allicin, haben eine stark bakterientötende Wirkung. Die Substanz Allicin zeichnet auch für den typischen Geruch der Zwiebel verantwortlich und letztlich auch für die vielen Tränen, die über Zwiebeln schon vergossen wurden. Zwiebeln sollen sich heilsam auf Magen-, Leber- und Gallenschäden auswirken, den Blutdruck regulieren und den Stoffwechsel, den Kreislauf anregen.

Erntezeit:	Zwiebeln gibt es der vielen verschiedenen Sorten und ihrer guten Lagerfähigkeit wegen das ganze Jahr über. **Stengelzwiebeln:** Juni bis Oktober, keine Lagerung. **Schnittzwiebeln:** März bis November, keine Lagerung. **Schalotte:** Im Juni sind frische Schalotten auf dem Markt, ab Juli/August getrocknete, die bis Anfang März gelagert werden können. **Perlzwiebeln:** August (keine Lagerung). **Gemüsezwiebeln:** Oktober, bis Ende Jahr ab Lager. **Speisezwiebeln:** ab Juni bis Anfang September, dann – bis zur nächsten Ernte – ab Lager.
Vorbereiten:	Würzelchen abschneiden, frische Stengel mitverwenden, äußere, getrocknete Häute entfernen.
Zubereiten:	Roh, Saft, dämpfen, sieden im Dampf, sieden im Würzwasser.
Passende Kräuter und Gewürze:	Lorbeer, Nelken, Oregano, Rosmarin
Überschüsse:	Trocknen, sterilisieren.

Curry-Schalotten

500 g Schalotten oder kleine Speisezwiebeln	im Dampf 10 Minuten sieden, gut abtropfen lassen
1 dl Rahm 150 g Vollmilchquark	unter ständigem Rühren erwärmen, nicht kochen
75 g Rosinen	beigeben
1–2 Teelöffel Curry Pfeffer, Salz	würzen und kurz aufkochen
	Schalotten beigeben und 5 Minuten ziehen lassen. Schmeckt herrlich zu Kartoffelstock oder Getreide und Salat

Zwiebel-Apfel-Topf

500 g Zwiebeln	in feine Ringe schneiden
500 g Äpfel	in feine Schnitze teilen
2 Eßlöffel Zitronensaft	Apfelschnitze beträufeln, mischen, Zwiebeln und Äpfel lagenweise in gut gebutterten Topf geben
1 dl Rahm 1 dl Milch Salz	gut rühren, darübergießen, mit Deckel gut schließen, auf kleinem Feuer 30–40 Minuten schmoren
50 g Appenzellerkäse	reiben und vor dem Servieren darüberstreuen

Dazu passen z. B. Blut- und Leberwurst mit Salzkartoffeln

Zwiebelsauce

3 Zwiebeln	mit feiner Raffel reiben
20 g Butter	Zwiebeln dämpfen
3 Eßlöffel Mehl	kurz mitdämpfen, Pfanne (Chromstahl) von Platte nehmen
1 dl Gemüsewasser	unter ständigem Rühren beigeben, auf Platte zurückstellen
1 dl Milch	unter Rühren eindicken lassen
Oregano, Basilikum Muskat, Pfeffer	würzen, 2–3 Minuten leise kochen, anrichten
1 kleines Rüebli	in sehr feine Scheiben schneiden, über Sauce streuen

Zwiebelsuppe

400 g Zwiebeln	in feine Streifen schneiden
2 Eßlöffel Öl	Zwiebeln darin gut dämpfen
1 l Wasser	ablöschen
1 Lorbeerblatt 2 Nelken	Nelken in Lorbeerblatt stecken, beigeben
1 Knoblauchzehe, gepreßt Selleriekraut, gehackt Basilikum, gehackt Salz	würzen, Suppe bei schwacher Hitze 20 Minuten leise kochen lassen, Lorbeerblatt entfernen
4 Brotscheiben Butter	Brot auf beiden Seiten dünn bestreichen. Die Scheiben in der Bratpfanne goldbraun rösten
	Suppe in Schälchen anrichten. Die heißen Brotscheiben darauflegen
50 g Reibkäse	bestreuen. In der französischen Küche wird die Suppe noch kurz überbacken
Schnittlauch	fein schneiden und darüberstreuen

Zwiebel (Allium cepa L.)

Gefüllte Zwiebeln

8 große Speisezwiebeln*	kleine Deckel wegschneiden und im Dampf 15–25 Minuten kochen. Mit einem Löffel sorgfältig aushöhlen. In gut gebutterte Gratinform stellen. Das Ausgehöhlte dazwischenstreuen
20 g Butter	in Chromstahlpfanne erwärmen
20 g Mehl	beigeben, kurz mitdämpfen
2 dl Milch	unter Rühren beigeben, Pfanne auf Feuer zurückstellen. Sauce unter ständigem Rühren eindicken lassen
½ Teelöffel Senf Salz, Muskat	würzen, Sauce auskühlen lassen
75 g Greyerzerkäse, gerieben ½ Teelöffel Kartoffel- oder Maisstärke	in Sauce rühren
3 Eigelb	in Sauce rühren
3 Eiweiß	steif schlagen, sorgfältig unter die Sauce ziehen. Diese Soufflémasse möglichst rasch in die Zwiebeln füllen (nicht höher als ¾). Im vorgewärmten Ofen bei 180°C (auf der untersten Rille) backen

* oder 4 Gemüsezwiebeln (dann etwas längere Vorkochzeit)

Zwiebelsalat

400 g Zwiebeln	in feine Ringe schneiden
½ Teelöffel Salz	mit Ringen mischen, 5 Minuten ziehen lassen
1 Apfel	halbieren, Kerngehäuse ausschneiden und ebenfalls in ganz feine Scheiben schneiden, mit Zwiebeln mischen
2 Eßlöffel Essig 1 Eßlöffel Süßmost Petersilie, gehackt Basilikum, gehackt Oregano, gehackt Senf	mit dem Schneebesen gut verrühren
4 Eßlöffel Olivenöl	beigeben, sofort über das Zwiebel-Apfel-Gemisch gießen, sorgfältig umrühren

Zwiebelsalat sollte immer frisch gegessen werden, nie aufbewahren

Winter: 21. Dezember bis 21. März

Chicorée
Federkohl
Kardy
Knollensellerie
Lauch
Pastinake
Rande
Rosenkohl
Rüebli/Möhren
Schwarzwurzel
Stachys
Topinambur
Winterkürbis

Chicorée/Brüsseler Witloof

Chicorée, auch Treib- oder Blattzichorie genannt, ist gewissermaßen eine Neuschöpfung. Im Jahr 1845 ist er von einem gewissen Herrn Brézier, seines Amtes Obergärtner im Botanischen Garten in Brüssel, erstmals gezüchtet worden. Eher zufällig hatte Herr Brézier entdeckt, daß im Dunkeln gelagerte, d. h. in feuchten Sand oder in Wasser gelegte, Wurzelzichorien im Winter neue zartgelbe Blattsprossen treiben. Chicorée wird darum auch Brüsseler Witloof oder einfach Brüsseler genannt.

Chicorée und Wurzelzichorie sind beides kultivierte Formen der wildwachsenden Wegwarte aus der Familie der Korbblütler. Die Wegwarte kann, wie natürlich auch der Chicorée, als (Winter-)Salat oder als leicht bitteres Gemüse zubereitet werden. Wurzelzichorien werden in Europa seit Anfang des 18. Jahrhunderts angebaut. Bis zum Zweiten Weltkrieg fanden sie – geröstet und gemahlen – hauptsächlich Verwendung als Kaffeezusatz oder Kaffee-Ersatz. Ein Tee, aus diesen Wurzeln gekocht, soll gut sein gegen Leberkoliken und -stauungen, Gicht, Gelbsucht und Darmentzündungen.

Die Zichorie, als Salat genossen, soll harntreibende und blutbildende Wirkung haben. Die darin enthaltenen Bitterstoffe wirken sich positiv auf den Appetit, die Magensäfte und die allgemeine Spannkraft aus.

Chicorée zählt heute zu den beliebtesten Salat- bzw. Gemüsearten. Neben den Vitaminen A, B und C enthält er Phosphor, Kalium und Mangan.

Zu der Familie der Zichorien gehört auch die Endivie. Die enge Verwandtschaft zwischen der Endivie und dem Chicorée hat in vielen Ländern zu Namensverwechslungen geführt. So heißen in Frankreich die Endivien »chicorée« und in den USA »chicory«.

Erntezeit:	Die Wurzeln werden im Oktober geerntet und bei 15–20°C getrieben. Chicorée-Zapfen gibt es zwischen November und März.
Aufbewahren:	Die Zapfen können lichtgeschützt bei 0–5°C 10 Tage aufbewahrt werden.
Vorbereiten:	Trockene Blätter bzw. Strunkstellen wegschneiden, waschen. Wem der Chicorée zu bitter ist, kann den weißen Strunk herausschneiden.
Zubereiten:	Roh, dämpfen, sieden im Dampf. Chicorée wird durchs Kochen leicht bitter.
Passende Kräuter und Gewürze:	Dill, Petersilie
Hinweise:	Kann wie *Lattichgemüse* (S. 162) oder *Stangensellerie mit Markschnitten* (S. 134) zubereitet werden. Sehr gut schmeckt Chicorée-Salat mit den Rezepten *Chinakohl-* (S. 118) und *Stangenselleriesalat roh* (S. 133).

Chicorée-Schiffchen

2–3 Stangen Chicorée	einzelne Blätter auf Teller oder Platte legen
1 dl Sauerrahm 200 g Vollmilchquark 2 Eßlöffel Zitronensaft Dill, gehackt Petersilie, gehackt Pfeffer, Salz	glattrühren, in die Blätter füllen
Paprika	nach Belieben dekorieren

Chicorée au Roquefort*

8 mittlere Chicoréestangen	sieden wie *Chicorée, polnisch* (S. 150)
100 g Vollmilchquark	schaumig rühren
100 g Roquefort	in Quark reiben
1 Eßlöffel Kirsch (Branntwein)	beigeben und glattrühren, evtl. noch etwas Milch beigeben. Über den warmen oder ausgekühlten Chicorée gießen

* Da Chicorée ursprünglich aus Belgien stammt, begleitet ihn oft Roquefort. Dieser kann leicht durch Gorgonzola oder Ziegen- oder Schafskäse ersetzt werden

Chicorée (Cichorium intybus L. var. foliosum Hegi)

Chicorée, polnisch

8 mittlere Chicoréestangen	in Würzwasser mit Zitrone (wird weniger bitter) oder im Dampf weich kochen (10–15 Minuten). Gut abtropfen lassen. Auf heißer Platte anrichten und mit Streusel bestreuen
Streusel: 20 g Butter 3 Eßlöffel Paniermehl	rösten
1 Ei, gekocht, gehackt Petersilie, gehackt Dill, gehackt	mit geröstetem Paniermehl mischen und sofort über die Chicoréestangen streuen

Chicorée mit Käsesauce

8 mittlere Chicoréestangen	sieden wie *Chicorée, polnisch*
30 g Butter	in Chromstahlpfanne erwärmen
3 Eßlöffel Mehl	beigeben, gut vermischen, Pfanne vom Feuer nehmen
3 dl Milch	beigeben, gut rühren, auf Feuer zurückstellen und unter ständigem Rühren eindicken
Muskat, Dill Salz, Pfeffer	würzen
100 g Käse	raffeln, beigeben, Chicoréestangen in Gratinform schichten, Sauce darübergeben und evtl. überbacken

Variante: Chicorée mit je einer Scheibe Schinken einwickeln. In diesem Falle Sauce – je nach Belieben – ohne Käse zubereiten

Federkohl/Grünkohl

Der Federkohl, den bereits die Römer als gesundes Wintergemüse schätzten, stammt aus dem Mittelmeerraum und wird heute vor allem in Norddeutschland, Holland und in Südschweden angebaut. Er ist der robusteste Sprößling aus der Kohlfamilie. Er mag es kalt, ist winterfest und wäre von daher für den Anbau gerade auch in der Schweiz sehr geeignet. Leider ist er hier nur wenig bekannt. Wenn überhaupt, wird Federkohl fast ausschließlich von Biobauern angeboten – eine Beschränkung, die dem Kraut allerdings nicht schlecht bekommt: Biologisch gezogener Kohl ist im allgemeinen leichter verdaulich als seine »konventionellen« Brüder und Schwestern, und beim Kochen bleibt überdies der penetrante Kohlgeruch weitgehend aus.

Weniger Jauche und künstlicher Dünger, mehr Federkohl, könnte die Devise lauten. Denn Federkohl, auch Grünkohl, Braunkohl, Blattkohl, Winterkohl genannt, besticht durch seinen hohen Gehalt an Kalzium, Carotin und Vitamin C und steht damit bezüglich Mineralstoffgehalt neben dem Spinat an der Spitze der Gemüsearten. Zudem bläht Federkohl viel weniger als die kopflastigen Kohlarten.

Federkohl wird erst geerntet, nachdem ein kräftiger Frost – dieser verdoppelt den Zuckergehalt – seinen Geschmack verbessert und verfeinert hat. Es werden entweder ganze Pflanzen oder auch nur einzelne Blätter geschnitten. Im Frühjahr treiben neue Blätter, zart und fein wie Federn. Diese können wie Broccoli zubereitet werden. So schmecken sie am besten.

Der grüne vitaminreiche Federkohl ist nicht nur gesund, sondern auch sehr dekorativ. Da er auch in Töpfen gezogen werden kann, macht er sich als Winterschmuck auf Balkonen besonders gut. An Grün für Suppen, Salate etc. wird es so nicht mangeln.

Erntezeit:	Erst nach dem ersten kräftigen Frost, bis April.
Aufbewahren:	Einmal geerntet, sollte Federkohl möglichst innerhalb von 2–3 Tagen verwendet werden. In dieser Zeit bei 0–5°C aufbewahren.
Vorbereiten:	Waschen und allzu starke Mittelrippen flach schneiden.
Zubereiten:	Roh, dämpfen, sieden im Dampf, sieden im Würzwasser.
Passende Kräuter und Gewürze:	Kümmel, Rosmarin, Thymian
Überschüsse:	Dörren
Hinweise:	Federkohl läßt sich nach fast allen Rezepten für Kopfkohlarten zubereiten oder wie die verschiedenen Blattgemüse (Spinat, Schnittmangold, Neuseeländerspinat etc.).

Federkohlpüree

800 g Federkohl	in Würzwasser 6–8 Minuten sieden, abtropfen lassen, pürieren
20 g Butter 1 Zwiebel, gehackt	dämpfen, Kohl beigeben, gut umrühren
1 Knoblauchzehe, gepreßt Pfeffer, Muskat, Salz	würzen und aufkochen
½ dl Rahm	beigeben, anrichten

Variante: Anstelle von 800 g Federkohl nur 400 g Federkohl und 400 g Kartoffeln, ergibt milden Geschmack und schöne Farbe

Federkohlsuppe

200g Federkohl	in feine Streifen schneiden
2 Eßlöffel Öl 1 Zwiebel, gehackt	mit Federkohl dämpfen (5 Minuten)
1 l Wasser	beigeben
150 g Grünkern	beigeben, 10 Minuten kochen
1 Knoblauchzehe, gepreßt Thymian, Salz Liebstöckel	würzen, auf der noch warmen Kochplatte 40–50 Minuten ziehen lassen
100 g reifer Bergkäse	reiben und dazu servieren

Federtopf

etwas Butter	Brattopf oder runde Gratinform damit gut fetten
600 g Kartoffeln	in feine Scheiben schneiden (2 mm)
1–2 Zwiebeln, gehackt 100 g Reibkäse 8 Federkohlblätter, fein geschnitten	abwechslungsweise in die Form einschichten, mit Kartoffeln abschließen, zudecken, 30 Minuten schmoren
40 g Mehl 3 dl Milch 2 Eier	glattrühren
Muskatnuß Thymian, Majoran, (Salz)	würzen (beachten, daß sich der Geschmack in der Wärme noch entwickelt und daß der Käse Salz enthält). In Topf gießen und nochmals 10–15 Minuten zugedeckt weiterschmoren

Kabissalat, traditionell

1 Eßlöffel Senf Pfeffer, Salz Thymian 3 Eßlöffel Essig	mit Schneebesen gut verrühren
4 Eßlöffel Öl	beigeben, nochmals gut rühren
1 Zwiebel, gehackt 1 Eßlöffel Kümmel 1 Knoblauchzehe, gepreßt	beigeben, rühren
6–8 Federkohlblätter	sehr fein schneiden, zu Sauce geben, umrühren, Salat von Hand oder mit Mörser saftig stampfen, nochmals umrühren und 30 Minuten ziehen lassen

Vor dem Essen nochmals rühren und evtl. gebratene Speckwürfel darüberstreuen

Federkohl (Brassica oleracea L. var. acephala DC)

Tätsch

400 g Federkohlpüree herstellen, allerdings ohne Rahm

2 dl Wasser
50 g Butter   sieden, Pfanne von Platte nehmen

100 g Mehl   schnell beigeben, kräftig rühren, bis sich der Teig gut von der Pfanne löst (evtl. nochmals auf Platte zurück). Teig auskühlen lassen

1–2 Eier   verquirlen, in Teig rühren. Teig sollte schwer von der Kelle fallen

           Teig und Püree mischen

20 g Butter   in Bratpfanne erhitzen (bei mittlerer Hitze). Masse hineingeben, zudecken und langsam braten lassen. Nach 10–15 Minuten mit Deckel wenden und nochmals 10–15 Minuten braten

---

Stichwort: **Komparativer Kostenvorteil.** Die Theorie vom komparativen Kostenvorteil besagt, daß es für jedes Land sinnvoll sei, sich auf diejenigen Produkte zu spezialisieren, die es am kostengünstigsten anbauen kann.

Tomaten für den Export statt Weizen für die Selbstversorgung werden beispielsweise in Marokko angepflanzt, weil mit dem Erlös der Tomatenernte mehr Weizen eingekauft werden kann, als auf den »Tomatenfeldern« wachsen könnte. Die Bilanz des Austausches sieht auf den ersten Blick positiv aus. Ein zweiter Blick zeigt, daß bei der Berechnung der komparativen Kostenvorteile nur Import- und Exportpreise einander gegenübergestellt werden. Unberücksichtigt bleiben die Kosten, die Marokko entstehen, damit überhaupt Tomaten angebaut und vertrieben werden können. Nicht aufgeführt sind die Ausgaben, die geleistet werden müssen, um den importierten Weizen im Land zu verteilen und zu vermarkten. Völlig unter den Tisch fällt auch das Problem der wachsenden Abhängigkeit, der sich Marokko aussetzt, wenn es sich bei der Versorgung mit Grundnahrungsmitteln der Bevölkerung auf Importe verläßt.

Stichwort: **Terms of Trade.** Mit »Terms of Trade« bezeichnet man das Austauschverhältnis zwischen Export- und Importpreisen. Ein wichtiger Grund für die zunehmende Verarmung liegt darin, daß sich die Terms of Trade der Dritte-Welt-Länder zunehmend verschlechtern.

Für Rohstoffe (dazu zählen auch die Agrarprodukte) werden auf dem Weltmarkt immer tiefere Preise bezahlt, während die Industriegüter stets teurer werden. Bildlich gesprochen heißt dies, daß ein Land der Dritten Welt für einen Lastwagen zum Beispiel jedes Jahr ein paar Zentner mehr Bohnen, Tabak oder Kupfer bezahlen muß.

Kardy

Der Kardy, auch Cardy, Kardone oder spanische Artischocke genannt, ist vermutlich die Stammform der Artischocke.

Während von der Artischocke die geschlossenen Blütenköpfe gegessen werden, sind es vom Kardy die gebleichten Blattstiele. Beide Gemüse, aus der Familie der Korbblütler, stammen aus der Mittelmeergegend. Ein Reisender des 16. Jahrhunderts soll gesehen haben, wie die Spanier den Kardy roh zu Fleisch verspeisten, und daraufhin Samen des ihm bisher unbekannten Gemüses erstanden und nach Belgien geschickt haben. Kardy, eine sehr dekorative, distelähnliche Pflanze, findet sich auf verschiedenen Gemälden niederländischer Meister. Ob ihm im Nordeuropa des 17. Jahrhunderts auch die Bedeutung eines »Volksgemüses« zukam, ist unklar. In unseren Breiten soll der Kardy jedenfalls erst mit der Artischocke, d. h. vor wenigen Jahren, bekannt geworden sein. In der französischen Schweiz – frischer Kardy ist dort oft Teil des weihnachtlichen Festessens – hat er sich breiter durchsetzen können als in der deutschen Schweiz und in Deutschland, wo er hauptsächlich als Dosengemüse angeboten wird.

Die grünen Stengel des Kardy werden, bevor sie auf den Markt kommen, gebleicht. Dies kann entweder direkt auf dem Feld geschehen oder in einem dunklen Raum. Im ersten Fall werden die Pflanzen auf dem Feld mit Wellkarton oder schwarzer Folie eingebunden, im zweiten Fall mitsamt den Erdballen ausgegraben, in einem dunklen Raum gebleicht und dadurch auch vor dem Frost in Sicherheit gebracht.

Kardy ist ein schmackhaftes Gemüse, das reichlich Mineral- und Gerbstoffe enthält, dazu Fermente und Vitamine. Kardy ist leicht bekömmlich und daher auch als Diätgemüse sehr geeignet.

In Medizinbüchern aus vergangener Zeit wird Kardy als Heilpflanze gegen innere Fisteln und Darmleiden erwähnt. Zu diesem Zweck, so wurde empfohlen, sei die getrocknete Wurzel des Kardy zu Pulver zu verstoßen und mit Latwerge zu mischen.

Erntezeit:	Vor dem ersten Frost wird geerntet, später laufend gebleicht.
Aufbewahren:	Einmal gebleichter Kardy sollte innerhalb einer Woche aufgebraucht werden. Während dieser Zeit bei 5°C lagern.
Vorbereiten:	Stachelige Ränder und grobe Fasern vorsichtig abziehen, waschen.
Zubereiten:	Sieden im Dampf, sieden im Essig-Würzwasser.
Passende Kräuter und Gewürze:	Dill, Estragon, Petersilie
Überschüsse:	Sterilisieren
Hinweise:	Schwarzwurzel- und Spargelrezepte sowie *Stangensellerie mit Markschnitten* (S. 134) schmecken ausgezeichnet, wenn sie mit Kardy zubereitet werden.

Kardy-Salat

600 g Kardy	in 5–6 cm lange Stücke schneiden, in Essig-Würzwasser, al dente (15–20 Minuten) kochen. Gut abtropfen
3 Eßlöffel Essig Estragon, gehackt Petersilie, gehackt Pfeffer	mit Schneebesen gut verrühren
4 Eßlöffel Sonnenblumenöl	beigeben, nochmals gut rühren
2 Eier, gesotten, gehackt 1 Zwiebel, gehackt	in Sauce geben, sorgfältig umrühren, die Sauce über die warmen Kardystücke anrichten. Warm oder kalt servieren

Variante: Kardy und Sauce separat servieren zum Dippen

Kardy mit Zwiebeln

750 g Kardy	möglichst lange Stücke, im Essig-Würzwasser al dente kochen (15–20 Minuten). Abtropfen und auf vorgewärmter Platte anrichten
40 g Butter	schmelzen
3 große Zwiebeln	in Ringe schneiden
Mehl	Ringe darin wenden, in Butter goldgelb rösten
wenig Pfeffer ½ Teelöffel Estragon, gehackt *oder* ½ Teelöffel Dill, gehackt	mischen und über Kardy verteilen. Sieht sehr dekorativ aus, wenn die Zwiebelbutter nur über die eine Hälfte verteilt wird

Kardy mit Ei

800 g Kardy	in 10–20 cm lange Stücke schneiden, im Essig-Würzwasser sieden (15–20 Minuten), abtropfen und auf 4 vorgewärmte Teller anrichten
80 g Appenzellerkäse	reiben, auf Kardy verteilen
20 g Butter	erhitzen
4 Eier	aufschlagen, in Butter braten (Spiegeleier). Auf Kardy anrichten. Mit Butterrest übergießen. Servieren mit geschwellten Kartoffeln, Hirse oder Brot

Kardy-Suppe

250 g Kardy	in 2 cm lange Stücke schneiden
1 Federkohlblatt	Mittelstengel herausschneiden, restliches Blatt verzupfen
2 Eßlöffel Öl 1 Zwiebel, gehackt	mit Gemüse dämpfen (5–10 Minuten)
2 dl Weißwein 6 dl Wasser	ablöschen
1 Kartoffel, roh	mit feiner Raffel hineinreiben
Estragon, gehackt oder Basilikum, gehackt Pfeffer, Salz	würzen, 20 Minuten köcheln lassen
1 Ei 1 dl Rahm	in Suppenschüssel gut verquirlen. Die Suppe unter ständigem Rühren dazugießen
3 Eßlöffel Buchweizen	rösten und darüberstreuen

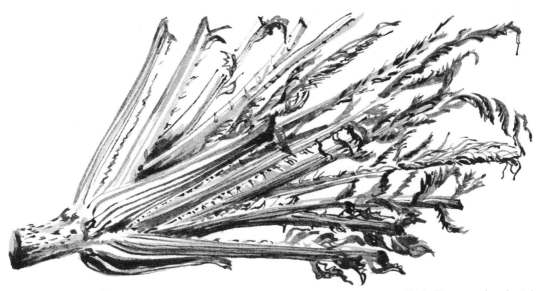

Kardy (Cynara cardunculus L.)

Knollensellerie

Sellerie ist eine uralte Natur- und Nutzpflanze. Daß bereits die Ägypter ihn kannten, ist durch eine mit Lotus- und Sellerieblüten geschmückte Mumie, die in den Gräbern zu Scheich Abd-el-Qurna aufgefunden wurde, hinlänglich belegt. Den Griechen und Römern war er heilig: Sie hatten den Sellerie den Göttern der Unterwelt geweiht. Er war Symbol für Trauer und Tränen. Und – er stand auch für das Glück. Mit Sellerie wurden nicht bloß Gräber, sondern auch Sieger geschmückt.

Es hat lange gedauert, bis der Sellerie kultiviert war und sich in Nord- und Mitteleuropa durchsetzen konnte. Doch mit dem Aufkommen des Stangensellerie wurde das »Schwarze Gemüse« (Smyrnium Olus-atrum) ziemlich verdrängt, das von der mittelalterlichen Bevölkerung noch häufig gegessen wurde, in der Folge aber aus den Gärten und Küchen Mitteleuropas weitgehend verschwunden ist.

Nicht ganz so erfolgreich war der *Knollensellerie:* Die Pastinake, deren Anbau er konkurrenzierte, hat zumindest in Hausgärten überleben können und ist heute wiederum vermehrt gefragt. Überdies wird dem Knollensellerie seine »Verdrängungsleistung« von zwei K's strittig gemacht; zum (beinahe) Untergang der Pastinaken sollen Kartoffel und Karotte mindestens ebensoviel beigetragen haben wie er.

Der würzige Knollensellerie ist heute eines der wichtigsten Freilandgemüse Mitteleuropas. Er ist das ganze Jahr über erhältlich.

Wer Sellerie ißt, kann sich die Ausgaben für Vitamin-E-Präparate sparen, die von der Pharmaindustrie als Mittel gegen »Umweltschäden, Luftverschmutzung und Schäden durch Radioaktivität« angepriesen werden. Dem Knollensellerie wurden immer schon wahre Wunder nachgesagt. Den Römern half er gegen Depressionen. Im Mittelalter wurde ihm, auch Geilwurz genannt, aphrodisische Wirkung nachgesagt. Die Mär von der sexuellen Aktivierung durch Vitamin E wurde auch von der Pharmaindustrie zur Umsatzsteigerung genutzt. Da der behauptete Zusammenhang nicht bewiesen werden konnte, hat man nach neuen Anwendungsgebieten gesucht und diese (vgl. oben) auch gefunden.

Abgesehen von reichlich Vitamin E enthält Knollensellerie große Anteile an Natrium, Phosphor, Kalium und ätherischen Ölen und wird auch als »Ginseng des Westens« bezeichnet. Wie alle Wurzelgemüse ist er – roh genossen – nicht eben leicht verdaulich.

Erntezeit:	Mit Laub: August bis September Ohne Laub, sog. Lagersellerie: ab Oktober
Aufbewahren:	Sellerie bei 0–5 °C. Mit Kraut nicht länger als eine Woche lagern, Laub welkt schnell. Lagergemüse.
Vorbereiten:	Blätter abschneiden und waschen. Knolle mit starker Bürste gut waschen. Knorrige, verzweigte Stellen abschneiden, den Rest – wenn notwendig – rüsten; sofort weiterverwenden, da er sonst braun anläuft.
Zubereiten:	Roh, Saft, dämpfen, sieden im Dampf oder Würzwasser.
Passende Kräuter und Gewürze:	Oregano, Rosmarin, Selleriekraut
Überschüsse:	Dörren, sterilisieren.
Hinweise:	Weitere Ideen für die Zubereitung von Knollensellerie bieten die Pastinaken- und Topinambur-Rezepte.

Marinierte Selleriescheiben

1–2 Sellerieknollen	in 3–4 mm dicke Scheiben schneiden und im Dampf al dente kochen (5–10 Minuten), auf einer flachen Platte dachziegelartig anrichten
3 Eßlöffel Essig Selleriekraut und Rosmarin, gehackt	mit Schwingbesen gut verrühren
3 Eßlöffel Vollmilchquark	beigeben, nochmals tüchtig rühren
1 kleiner Lauch	sehr fein schneiden, in Sauce geben
	Sauce über die noch leicht warmen Selleriescheiben gießen und ca. 1 Stunde ziehen lassen. Nach Belieben: etwas Rahm steif schlagen und garnieren

Bratsellerie

1–2 Sellerieknollen	in 3–4 mm dicke Scheibchen (16 Stück) schneiden und im Dampf 5 Minuten sieden
8 Tranchen Speck	halbieren
16 Salbeiblätter	mit Speck zusammen mit einem Zahnstocher auf Selleriescheiben stecken. In der Bratpfanne (zuerst Speckseite nach unten) beidseitig goldgelb braten

Knollensellerie (Apium graveolens L. var. rapaceum)

Selleriesuppe

150 g Sellerie	fein reiben
20 g Butter 1 Zwiebel, gehackt	mit Sellerie dämpfen (5–10 Minuten)
1 l Wasser	ablöschen
1 Kartoffel	fein reiben, beigeben
Kräuter, gehackt Salz, Pfeffer	würzen, 20 Minuten leise kochen
1 Federkohlblatt	sehr fein hacken, beigeben, aufkochen und anrichten. Nach Belieben geröstetes Paniermehl, Fenchelsamen und Reibkäse dazu servieren

Gebratene Selleriescheiben

5 Eßlöffel Mehl 2 Eier ½ dl Milch 80 g Sbrinz, gerieben	zu einem glatten Teig rühren, einige Minuten stehenlassen
1–2 Sellerieknollen	in 2–3 mm dicke Scheiben schneiden, im Teig wenden
30 g Butter	nach und nach in Pfanne erhitzen und die Selleriescheiben darin beidseitig goldbraun backen
1 Apfel 1 Zitrone, Saft	die beträufelten Apfelschnitze zwischen die dachziegelartig angerichteten Selleriescheiben legen

Selleriesalat

500 g Sellerie, Würfel 150 g Kartoffeln, Würfel	im Dampf al dente kochen
4 Eßlöffel Essig Kräuter, gehackt	mit Schneebesen gut rühren
2 Eßlöffel Öl 3 Eßlöffel Vollmilchquark	beigeben, nochmals gut rühren, mit Gemüse mischen
40 g Haselnüsse	grob hacken, rösten und warm über den angerichteten Salat streuen

Lauch/Porree

Als die Kinder Israels auf ihrem Weg ins Gelobte Land durch Wüsten zogen, sollen sie sich, so heißt es im vierten Buch Mose, nicht nur nach den Fleischtöpfen Ägyptens gesehnt haben, nein, auch nach Gemüse, nach Zwiebeln, Lauch, Knoblauch und Gurken soll ihr Sinn gestanden haben. Der Lauch, der wie die Zwiebel und der Knoblauch zur Familie der Liliengewächse gehört, hat also einiges an Geschichte vorzuweisen – und nicht weniger an Geschichtchen. Von Odysseus ist überliefert, daß er sich, um den süßen Klängen der Sirenen zu entgehen, an einen Mast fesseln und die Ohren mit Lauch zustopfen ließ. Dem Kaiser Nero soll sein übermäßiger Lauchkonsum – er nahm ihn zur Stärkung seiner Stimme – den Übernamen »porrophagus«, d. h. Lauchesser, eingetragen haben. Lauch soll, so wird überliefert, nicht bloß die Stimme verbessern und Verschleimungen im Lungen- und Atembereich lösen, sondern auch das Denken in Fluß bringen: Damit erspart er Ausgaben für »denkanstößige« Vitaminpräparate.

Lauch, auch Spargel des armen Mannes genannt, enthält beachtliche Mengen an Vitamin C, B$_1$ und B$_2$, dazu Carotin und, neben anderen Mineralstoffen, das für die Blutbildung wichtige Eisen. Der typische Geruch des rohen Lauchs wird durch ein schwefelhaltiges ätherisches Öl verursacht, das sich auch unliebsam in der Verdauung bemerkbar machen kann. Wer empfindlich reagiert oder gar einen kranken Magen hat, meidet Lauch besser. Überhaupt sollte Lauch nur in kleinen Mengen gegessen und überdies sehr gut gekaut werden. Am leichtesten verdaulich ist Lauch, wenn er zusammen mit Kartoffeln oder Brot eingenommen wird.

Lauch ist das ganze Jahr über erhältlich. Je nach Erntezeit unterscheidet man zwischen dem fast weißen Sommerlauch, dem mittelgrünen Herbst- und dem dunkel- bis blaugrünen Winterlauch. Im Winter kommt zusätzlich noch gebleichter Lauch auf den Markt. Das Bleichen der Pflanzen erfolgt durch Lichtentzug – sei's, daß der Lauch noch auf dem Feld mit Erde oder Kunstfolie zugedeckt, sei's, daß er, bereits geerntet, mit Brettern oder Strohballen an einem dunklen kühlen Ort eingeschlagen wird. Das Bleichen macht den Lauch zarter.

Erntezeit:	Juli bis April, je nach Sorte
Aufbewahren:	Bei 0–5 °C 10–14 Tage lagern, Lagergemüse.
Vorbereiten:	Würzelchen entfernen, angetrocknete Blätter zurückschneiden. Den Lauch längs halbieren und waschen. Geschnittenen Lauch möglichst rasch weiterverwenden, da er bitter werden kann.
Zubereiten:	Roh, dämpfen, sieden im Dampf oder im Würzwasser.
Passende Kräuter und Gewürze:	Liebstöckel, Thymian
Überschüsse:	Anstelle von Zwiebeln zum Würzen von Gerichten verwenden, dörren, sterilisieren.
Hinweise:	Lauch kann wie Spargeln mit verschiedenen Saucen gegessen werden.

Urner Poris

400–500 g Lauch	in ½ cm breite Streifen schneiden
2 Eßlöffel Öl	mit Lauch dämpfen
4 Knoblauchzehen 200 g Grünkern	kurz mitdämpfen
5–6 dl Wasser	beigeben, 10 Minuten stark kochen lassen
Liebstöckel, gehackt	beigeben, das Ganze 20–30 Minuten leise kochen
300 g Kartoffeln	in Würfel schneiden, beigeben
Pfeffer, Salz	würzen. Vorsicht: Bergkäse enthält auch Salz. Nochmals 15–20 Minuten kochen lassen
80 g Bergkäse, gerieben	darunterziehen und anrichten
2 Zwiebeln, Streifen	rösten, über den angerichteten Poris geben

Vogelfutter riche

300 g Lauch 1 Zwiebel	in feine Streifen schneiden
200 g altes Brot	in feine Scheiben schneiden
30 g Butter	Brot darin rösten, herausnehmen
10 g Butter	Lauch und Zwiebeln darin dämpfen
2 Knoblauchzehen, gepreßt	kurz mitdämpfen, Deckel von Pfanne nehmen, Brot beigeben, mischen
4 Eier 2 dl Milch Muskat, Pfeffer, Salz	mit Schneebesen glattrühren, in Pfanne gießen und unter ständigem Wenden die Eiermilch stocken lassen, sofort anrichten
	Ergibt mit einem Salat zusammen eine vollständige Mahlzeit

Lauchgemüse, gedämpft

800 g Lauch	in 4 cm lange Streifen schneiden
20 g Butter 1 Zwiebel, gehackt	mit Lauch dämpfen
Thymian, gehackt Salz	würzen und al dente kochen

Waadtländer Eintopf

800 g Lauch (gebleicht)	in 4 cm lange Stücke schneiden
2 Eßlöffel Öl	
1 Zwiebel, gehackt	mit Lauch dämpfen (10–15 Minuten)
1 dl Weißwein	ablöschen
600 g Kartoffeln	in große Würfel schneiden, beigeben, 10 Minuten leise kochen
Liebstöckel, gehackt	
1 Knoblauchzehe, gepreßt	
Salz, Pfeffer	würzen
2 Waadtländer Saucissons	darauflegen. Nochmals 20 Minuten ziehen lassen. Würste kleinschneiden
evtl. ½ dl Rahm	unter das Gemüse ziehen, anrichten. Wurstscheiben auf Gemüse legen

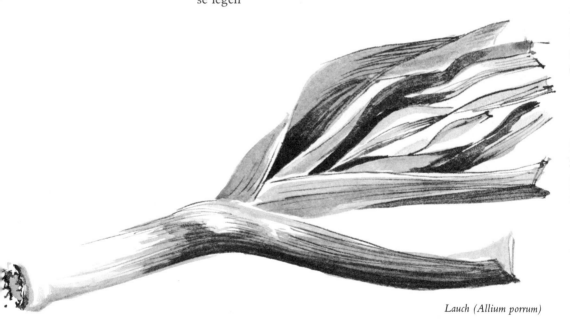

Lauch (Allium porrum)

Lauchsalat

3 Eßlöffel Essig	
wenig Senf	
½ Teelöffel Curry	
Salz	mit Schneebesen gut rühren
3 Eßlöffel Sonnenblumenöl	
3 Eßlöffel Rahm	beigeben, nochmals gut luftig rühren
300 g Lauch*	in 3 mm breite Streifen schneiden
100 g Tilsiterkäse	
100 g Kartoffeln, gesotten	in kleine Würfel schneiden, zugeben, mischen

* grünen Winterlauch evtl. kurz andämpfen

Stichwort: **Nitrat**. Nitrat ist eine natürliche Form von Stickstoff und kommt in jedem Boden vor. Die Pflanzen brauchen Stickstoff für ihr Wachstum. Sie nehmen ihn als einen Hauptnährstoff über die Wurzeln auf und bauen ihn in pflanzliches Eiweiß um. Wenn dem Boden, in Form von künstlichem Dünger, zusätzliche Stickstoffe zugeführt werden, übersteigt dies die Umwandlungskapazität vieler Pflanzen. Statt die für die menschliche Ernährung wichtigen Eiweiße aufzubauen, bauen sie Nitrate ein. Besonders viel Nitrat speichern Spinat, Blumenkohl, Kohlrabi, Randen- und Stangensellerie sowie die im Winter in den Gewächshäusern zum Wachstum angetriebenen Salate (Kopf-, Nüssli- und Endiviensalat). Am wenigsten Nitrate nimmt auf, wer sich jahreszeitengemäß ernährt.

Stichwort: **Nitrit**. Nitrate nehmen wir nicht nur über die Gemüse, sondern auch über das Trinkwasser auf. Zuviel Nitrat ist ungesund, weil es sich im Körper unter bestimmten Voraussetzungen in Nitrit und dieses wiederum zum kanzerogenen Nitrosamin umwandeln kann. Mit dem Verzehr von Würsten und Schinken nehmen wir Nitrit auch direkt auf. Als Zusatzstoff zeichnet Nitrit für die rote Farbe dieser Fleischwaren verantwortlich. Nitrit schädigt den roten Blutfarbstoff und kann unter Umständen zur tödlich verlaufenden Blausucht oder Zyanose führen.

Pastinake

Pastinaken, auch Germanenwurzeln oder Hammelmöhren genannt, wurden in ihrer Wildform vermutlich schon von den Jägern und Sammlern genutzt. Bis zum 11. Jahrhundert war die Pastinake, deren Heimat irgendwo zwischen dem Kaukasus und dem Mittelmeer vermutet wird, eine der wichtigsten Gemüsearten auf dem winterlichen Speisezettel der europäischen Bevölkerung. Große Bedeutung kam ihr auch als Nahrungsmittel während der Fastenzeit zu. Dies trotz der allerdings nicht erwiesenen Behauptung, daß der Genuß von Pastinaken die fleischlichen Begierden stark entfache. Bis zum späten Mittelalter wurde die Pastinake auch medizinisch, vorab als schmerzlinderndes Mittel bei Zahnweh, genutzt. Später, mit dem Aufkommen der Karotte, ist die Pastinake im deutschsprachigen Raum zunehmend in Vergessenheit geraten. Halten konnte sie sich jedoch in Frankreich, Großbritannien und in den USA, und heute ist sie dabei, die Feinschmecker und Feinschmeckerinnen Nord- und Mitteleuropas erneut für sich zu gewinnen.

Die Pastinake ist winterhart und entfaltet ihren vollen, süßen Geschmack erst nach dem ersten Frost. Die weiße Wurzel sieht aus wie ein schlanker, langer, spitz zulaufender Rettich; roh schmeckt sie leicht nussig, gekocht wie eine Mischung aus Karotte und Sellerie.

Das Kraut der Pastinake, an schneefreien Tagen geerntet, kann zum Würzen von Speisen verwendet werden. Es ähnelt im Geschmack der Petersilie und kann, da es sein Aroma im Gegensatz zur Petersilie beim Erwärmen nicht verliert, mit den Speisen mitgekocht werden. Überhaupt sind Pastinake und Petersilie, beide aus der Familie der Doldenblütler, nahe Verwandte. Eine der verschiedenen Kulturformen der Pastinake, die sog. Hirschmöhre, auch **Petersilienwurzel** genannt, ist aus einer Kreuzung zwischen Petersilie und Karotte entstanden. Sie riecht wie Sellerie und wird wie Pastinaken zubereitet.

Erntezeit:	Ab erstem Frost bis April
Aufbewahren:	Bei 0–5 °C 10–14 Tage. Lagergemüse.
Vorbereiten:	Mit einer Bürste waschen, eventuell schälen.
Zubereiten:	Roh, dämpfen, sieden im Dampf.
Passende Kräuter und Gewürze:	Dill, Kerbel, Petersilie, Thymian
Überschüsse:	Dörren, sterilisieren.
Hinweise:	Pastinaken können auch wie die – im Geschmack verwandten – Karotten oder wie Sellerie zubereitet werden.

Pastinaken-Torte

6 Eigelb	
1 dl Birnendicksaft	
1 Prise Nelkenpulver	
1 Prise Zimt	schaumig rühren
300 g Mandeln, gerieben	beigeben
300 g Pastinaken	mit feiner Raffel in Masse reiben
¼ dl Kirsch (Branntwein)	unter die Masse rühren
1 Eßlöffel Backpulver	in Mehl sieben
80 g Mehl	beigeben, umrühren
6 Eiweiß	
1 Prise Salz	steif schlagen, sorgfältig unter Masse ziehen. In eine gut gebutterte Springform einfüllen und sofort bei 190°C 50–60 Minuten backen. Torte möglichst 1–2 Tage aufbewahren, damit sie richtig saftig wird

Pastinakensalat

2 Eßlöffel Essig	
2 Eßlöffel Süßmost	
Dill, gehackt	mit Schneebesen gut verrühren
1 dl Joghurt	beigeben, nochmals gut rühren
1 Apfel	
300 g Pastinaken	mit grober Raffel in Sauce reiben
50 g Baumnüsse	grob hacken, mit Salat mischen
	Bei gelagerten Wurzeln evtl. etwas Wasser, Milch, Most usw. beigeben, da Wurzeln während der Lagerung etwas austrocknen

Pastinakenchips

600 g Pastinaken	in ½ cm dicke Scheiben schneiden
Butter	Pastinakenscheiben in der Röstipfanne beidseitig goldbraun braten, anrichten. Mit *Vanillejoghurt* (S. 171) und Apfelschnitzen oder Apfelmus servieren

Variante: mit *Tomatenmark* (S. 109) oder *Chicorée-Schiffchen-Füllung* (S. 149) servieren

»Wurzelmarroni«

750 g Pastinaken	vierteln oder achteln, in 2 cm lange Stücke schneiden
1 Lauch	in sehr feine Streifen schneiden
20 g Butter	Gemüse darin dämpfen (10 Minuten)
½ dl Weißwein	ablöschen
Dill, Thymian, Kerbel, gehackt	statt Marroni (Kastanien) zu Rotkraut servieren. Pastinaken mit Butter gekocht haben leichten Marronigeschmack

Paskar im Ofen

400 g Pastinaken 400 g Kartoffeln	2 cm große Würfel schneiden, auf gefettetes Backblech geben
Butter	einige Butterflöckchen darauf verteilen. Im Ofen bei 230°C 30–40 Minuten backen. Servieren mit würzigem Greyerzerkäse und gekochten Dörrbirnen

Zweierlei

300 g Pastinaken 300 g Rüebli	in längliche Späne schaben
20 g Butter 1 Zwiebel, gehackt	mit Gemüse dämpfen
Thymian, Kerbel, Salz	würzen, 15–20 Minuten leise kochen (evtl. Wurst mitkochen)
1 Prise Zucker	vor dem Anrichten abschmecken, gut umrühren

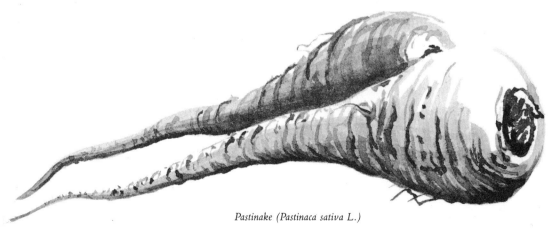

Pastinake (Pastinaca sativa L.)

Rande/Rote Beete

Die Bauern sollen die Randen früher bloß an den Feldrändern gepflanzt haben. Ob sie ihren (schweizerischen) Namen deshalb bekommen haben, ist allerdings unklar. In Deutschland heißt die der Familie der Gänsefußgewächse zugehörige Gemüsewurzel Rote Bete oder Rote Rübe.

Die Stammpflanze der Rande – und übrigens auch des Krautstiels und des Schnittmangolds – ist die sog. Meeresstrandrübe (Beta vulgaris var. maritima). Sie ist in den Ländern rund ums Mittelmeer heimisch, wo sie bereits von den Ägyptern, Griechen und Römern als Gemüse- und Heilpflanze gegen Grippe und Bleichsucht kultiviert wurde.

Nördlich der Alpen ist die Rande seit ein paar hundert Jahren bekannt. Die heute üblichen Kulturformen – »Rote Kugel«, »Feuerkugel« und »Detroit« – sind gegen Ende des 19. Jahrhunderts entwickelt worden. Randen kommen, roh oder gekocht, zwischen August und April auf den Markt.

Der Rande wird ein hoher gesundheitlicher Wert nachgesagt. So soll ihr reicher Eisen- und Vitamingehalt blutbildende, antiseptische und beruhigende (Vitamin B_1) Wirkung zeitigen. Randen werden auch eingesetzt, um den Sauerstoffgehalt der Zellatmung zu verbessern. Ein Argument, das ein Teil der Krebstherapie sich zunutze macht.

Beim Verzehr von Randen ist eine gewisse Vorsicht geboten: Randen, vor allem jene aus konventionellem Anbau, können sehr stark nitrathaltig sein und sollten nicht als Saft genossen werden. Wer nicht auf das rote Elixier verzichten möchte, dem sei der Saft der biologisch gezogenen Randen empfohlen.

Randen enthalten (wie übrigens auch Orangen und Zitronen) Oxalsäure, die bei übermäßiger Einnahme zur Bildung von Harn- und Nierensteinen führen kann. Oxalsäure zerfällt beim Erhitzen oder durch Zugabe von Essig, Milch- oder Zitronensäure. Der Gehalt an Oxalsäure in den Randen verliert sich nach der längsten Nacht. Es empfiehlt sich deshalb, Randen erst um die Weihnachtszeit auf den Speisezettel zu setzen.

Erntezeit:	September bis Oktober
Aufbewahren:	Bei 0–5 °C. Gelagerte Randen haben eine etwas längere Kochzeit als frische Randen. Geschwellte Randen sollten nicht länger als 1–2 Tage aufbewahrt werden. Lagergemüse.
Vorbereiten:	Randen müssen immer geschält werden, bei roher Verwendung besonders großzügig, da die Schalen etwas bitter und stark oxalhaltig sind.
Zubereiten:	Saft, roh, dämpfen, sieden im Dampf.
Passende Kräuter und Gewürze:	Anis, Estragon, Kümmel, Koriander, Lorbeer, Meerrettich, Nelken, Pfeffer, Thymian
Überschüsse:	Sterilisieren, einsäuern.
Hinweise:	Randensaft eignet sich zum Färben von Bouillon, Teig, Quark, Butter etc.

Randensalat, gekocht (Kurzkonserve)

2 kg Randen, gekocht	schälen, in Scheiben schneiden oder mit grober Raffel reiben
2 große Zwiebeln	hacken oder in Streifen schneiden. Abwechslungsweise mit den Randen in einen irdenen Topf schichten
4 dl Wasser 4 Nelken 4 Lorbeerblätter 4 Pfefferkörner ½ Teelöffel Salz wenig Meerrettich, gerieben	aufkochen
4 dl Rotwein 4 dl Essig	beigeben, nochmals aufkochen, auf etwa 50°C auskühlen lassen und über die vorbereiteten Randen gießen (Flüssigkeit muß die Randen bedecken). Zugedeckt 2–3 Tage kühl stellen

Nach Belieben kann der Salat noch mit Joghurt, Quark, Öl, Rahm angerührt werden. Dieser Randensalat kann 3–4 Wochen aufbewahrt werden

Farbige Gschwellti

Kleine Randen zusammen mit etwas größeren Kartoffeln und Topinambur im Dampf weich sieden (25–30 Minuten). Mit *Meerrettichquark* S. 171 servieren

Rande (Beta vulgaris L. var. esculenta L.)

Randentorte

5 Eigelb 4 Eßlöffel Birnendicksaft 1 Eßlöffel Kirsch (Branntwein) 2 Eßlöffel warmes Wasser 1 Teelöffel Zimt 1 Prise Nelkenpulver 1 Prise Salz	schaumig rühren
200 g Randen, roh 150 g Äpfel	mit feiner Raffel in Schaummasse reiben
300 g Mandeln, gemahlen 60 g Mehl 1 Eßlöffel Backpulver	beigeben, umrühren
5 Eiweiß	steif schlagen und sorgfältig darunterziehen. Masse in eine ausgebutterte Springform füllen und im vorgeheizten Ofen bei 190°C 50–60 Minuten backen. Die Torte schmeckt am besten nach 2–3 Tagen (kühl lagern)

Randensalat, roh

1 Eßlöffel Birnendicksaft 3 Eßlöffel Zitronensaft oder Essig 1 Prise Pfeffer 1 dl Joghurt	mit Schneebesen verrühren
400 g Randen	schälen, mit feiner Raffel in Sauce reiben
3–4 Haselnüsse, grob gehackt 10 g Butter	Haselnüsse in Butter rösten und unter Salat mischen

Variante: 1 Apfel hineinreiben

Randengemüse

400 g Randen, Würfel 10 g Butter 1 Schalotte, gehackt	dämpfen
Thymian, Pfeffer, Salz evtl. Kümmel	würzen, Randen je nach Würfelgröße 15–20 Minuten kochen
evtl. 1–2 Pfefferminzblätter	kurz vor dem Servieren beigeben

Rote Suppe

20 g Butter	
1 Zwiebel, gehackt	gut dämpfen
750 g Kartoffeln, gekocht	
750 g Randen, gekocht*	in kleine Würfel schneiden und kurz mitdämpfen
¾ l Wasser	ablöschen
1 Knoblauchzehe, gepreßt	beigeben
Thymian, Salz, Pfeffer evtl. Kümmel	würzen und 20–30 Minuten leise kochen

Varianten: Mit den Zwiebeln können auch Lauch, Rüebli oder Sellerie mitgedämpft werden. Durch das zusätzliche Beifügen von geschnetzeltem zuvor angebratenem Schaffleisch entsteht der russische *Borschtsch*

* Randen sollten nicht zu weich sein.

Zur Roten Suppe wird *Vanillejoghurt* und/oder *Meerrettichquark* serviert:

Vanillejoghurt

1 Eßlöffel Vanillepulver* 2 Eßlöffel heißes Wasser	verrühren
2 dl Joghurt, natur	beigeben und verrühren
1–2 dl Rahm	steif schlagen und sorgfältig unterziehen

* oder ¼ Stengel Vanille ausschaben

Meerrettichquark

200 g Vollmilchquark	glattrühren
wenig Salz, Pfeffer	beigeben
½ Apfel, sauer	mit feiner Raffel in Quark reiben
Meerrettich	rüsten und ebenfalls in Quark reiben

Dieser Meerrettichquark darf als Beilage zur *Roten Suppe* und zu den *Gschwellten Randen* etwas bissig sein, als Brotaufstrich und zur Verzierung von Randensalat eher etwas milder

Rosenkohl

Während heute – bisher ohne nennenswerten Erfolg – an der Größe und am Gewicht von Kohlköpfen herumprobiert wird, um die Riesendinger, die bis zu 1800 g schwer werden, dem Kleinhaushalt anzupassen, ist dem Rosenkohl, der als spontane Kombinationszüchtung von heute nicht mehr vorhandenen Kulturpflanzen entstanden ist, wegen seiner Winzigkeit wenig Zukunft vorausgesagt worden. Das Gegenteil ist eingetroffen. Der Rosenkohl, der 1821 zum ersten Mal in einem »Hand-Lexikon für Küchenfreunde« – allerdings noch ohne Rezepte für die Zubereitung – erwähnt wurde, hat den Sprung in die »Hohe Küche« spielend geschafft und ist heute wegen seines hohen Mineralstoff- und Vitamingehalts und der leichten Verdaulichkeit allseits sehr beliebt.

Rosenkohl ist zunächst in Belgien gezüchtet worden und wird deshalb vielerorts nach seiner Herkunft benannt: In Frankreich heißt er chou de Bruxelles, in England Brussels sprouts, in Italien càvolo di Brusselle.

Rosenkohl ist ein ideales Wintergemüse. Frost bekommt ihm ausgezeichnet, da er den Zuckergehalt erhöht und den Geschmack verfeinert und außerdem das Zellgewebe lockert, was sich positiv auf die Verdauung auswirkt. Eigentlich könnte Rosenkohl in tieferen Lagen (600 bis 800 m) den ganzen Winter über frisch ab Feld gepflückt werden. Leider tut das – außer den Biobauern und Menschen, die sich aus dem eigenen Garten versorgen – fast niemand mehr. Die Arbeit in Wind, Kälte und Schnee mag kaum jemand tun – und wenn sie getan wird, schlägt sie natürlich auf die Preise. So kommt es, daß Rosenkohl mehr und mehr im Spätherbst maschinell geerntet und tiefgefroren wird. Der frische Rosenkohl, der in den Wintermonaten erhältlich ist, kommt zu fast 90% aus Holland.

Erntezeit:	Ende Oktober bis März, auf jeden Fall erst nach dem ersten Frost
Aufbewahren:	Geerntete Röschen können 2–3 Tage bei 0–5 °C gelagert werden.
Vorbereiten:	Die äußeren abstehenden oder evtl. angetrockneten Blätter entfernen, allenfalls die Strünke etwas zurückschneiden, waschen.
Zubereiten:	Dämpfen, sieden im Dampf, sieden im Würzwasser (für empfindliche Mägen).
Passende Kräuter und Gewürze:	Thymian, Rosmarin, Liebstöckel
Überschüsse:	Sterilisieren
Hinweise:	Rosenkohl läßt sich auch nach dem Rezept *Blumenkohl gratiniert* (S. 49) zubereiten.

Knuspriger Rosenkohl

800 g Rosenkohl	im Würzwasser oder im Dampf 10 Minuten sieden, abtropfen und auskühlen lassen
1 Ei	verquirlen, Rosenkohl darin wenden
5 Eßlöffel Paniermehl 100 g Bergkäse, gerieben	mischen, Rosenkohl darin wenden
Butter	flache, ofenfeste Form bestreichen, Rosenkohl hineingeben und im vorgeheizten Ofen bei 230°C 5–10 Minuten überbacken. Im Ofen könnten gleichzeitig Ofen- oder Kümmelkartoffeln gebraten werden

Rosenkohl, gedämpft

Rosenkohl bleibt in Form und Farbe am schönsten, wenn er im Brattopf (Gußeisen, emailliert) gedämpft wird

800 g Rosenkohl 1 Zwiebel, gehackt 2 Eßlöffel Öl	dämpfen (5–10 Minuten)
Thymian, Pfeffer, Salz	würzen und al dente kochen (10 Minuten)

Rosenkohl (Brassica oleracea L. var. bullata)

Rosenkohltorte

(Kuchenblech Ø 28–30 cm)

200 g Mehl 80 g Butter ¼ Teelöffel Salz	fein reiben
4–5 Eßlöffel Wasser 1 Eßlöffel Essig	zugeben, rasch zu einem feuchten Teig zusammenballen, nicht kneten und mindestens 1 Stunde kühl ruhen lassen (am besten 12 Stunden)
800 g Rosenkohl	im Dampf während 10 Minuten sieden, abtropfen lassen, Teig 4 mm dick auswallen, gefettetes Backblech belegen
2 Eßlöffel Paniermehl	auf Boden verteilen, Rosenkohl darauflegen
1 Ei ½ dl Milch ½ dl Rahm	verquirlen
Muskat, Thymian, gehackt Liebstöckel, gehackt	Eiermilch damit würzen, Rosenkohl begießen
50 g Bergkäse	reiben, darüberstreuen
1 Rüebli	ganz dünne Streifen abschaben, über den Kuchen verteilen
10–20 g Butter	Butterflöckli darüberstreuen, im vorgewärmten Ofen bei 220 °C auf der untersten Rille 20–25 Minuten backen

Rosenkohlgemüse

400 g Rosenkohl 400 g Pastinaken	vierteln, in 2 cm lange Stücke schneiden
2 Eßlöffel Öl 1 Zwiebel, gehackt	mit Gemüse dämpfen (10 Minuten)
400 g Kartoffeln, Würfel	beigeben, kurz mitdämpfen
1 dl Wasser 2 Eßlöffel Süßmost	ablöschen
Thymian Pastinakenkraut Pfeffer, Salz	würzen und 10–15 Minuten leise kochen

Wintertopf

300 g Rosenkohl	
200 g Federkohl	Mittelrippe flachschneiden
200 g Bodenkohlrabi	
300 g Karotten	in rosenkohlgroße Würfel schneiden
300 g Lauch	in 10 cm lange Stücke schneiden
300 g Schwarzwurzeln	in 4 cm lange Stücke schneiden
2 l Wasser 1 Zwiebel, besteckt mit Nelken Lorbeerblatt	aufkochen
400 g Schafsvoressen (in Stücke geschnittenes Schaffleisch)	beigeben und 20 Minuten kochen, Lorbeerblatt und Nelken herausnehmen, Gemüse beigeben
1 Knoblauchzehe, gepreßt Salz, Pfeffer Selleriekraut	würzen, 20–30 Minuten kochen
evtl. Curry	kurz vor dem Anrichten beifügen

Stichwort: **Energie.** Gerade im Herbst und Winter bangen viele Hausfrauen und -männer um die Abwechslung auf den Tellern und greifen aus diesem Grund vermehrt nach Produkten, die mit einem hohen Energieaufwand produziert worden sind.

- Büchsenerbsen: Um ein Kilo einheimische Erbsen zu konservieren, braucht es ½ Kilogramm Erdöl. Die Herkunft der Konserve sagt übrigens nichts aus über die Herkunft der darin enthaltenen Gemüse. Rohprodukte für Konserven (und auch für Tiefkühlgemüse) werden häufig importiert.
- Frisches Gemüse aus Afrika: Jedes Kilo Bohnen, das von so weit her eingeflogen wird, verbraucht rund 2 Liter Flugbenzin allein für den Transport.

Besser als konservierte Inlandgemüse oder importierte Frischgemüse schneiden in bezug auf den Energieaufwand die einheimischen Lagergemüse ab. Langeweile am Eßtisch tut sich damit keine auf: Rechnet man 150 Wintertage, an denen einmal täglich von den rund 15 Lagergemüsen gegessen wird, und mit der Annahme, daß jedes Gemüse auf drei verschiedene Arten zubereitet werden kann, so kommt jedes Gericht nur knapp viermal auf den Tisch.

Rüebli/Möhren

Wer das ganze Jahr über Geld verfügen will, muß an Neujahr, Lichtmeß, Fastnacht oder am Gründonnerstag Möhren essen, sagt der Volksmund. Vielleicht gehören gerade deswegen die Möhren zu unseren Lieblingsgemüsen. In der kulinarischen Hitliste stehen die »Rüebli«, wie sie in der Schweiz genannt werden, auf Platz zwei, gleich hinter den Tomaten.

Von Sibirien bis Madeira, von Abessinien bis Mittelschweden: Die Rüebli sind überall bekannt. In wilder Form sind sie auch in Australien, Neuseeland, im südlichen Afrika und in Südamerika anzutreffen. Mindestens so imposant wie ihre geographische Verbreitung ist ihre Geschichte. Als Nutzpflanze waren sie schon in grauer Vorzeit bekannt: In einem aus der Zeit von 4000–2000 v. Chr. stammenden Pfahlbau bei Münchenbuchsee im Kanton Bern (CH) wurden Rüeblisamen gefunden. Bis zum 10. Jahrhundert wurden sie als Heilpflanze verwendet und erst später als Speisepflanze kultiviert. Die heute üblichen Formen wurden um und nach 1800 entwickelt.

Dank guter Lagerfähigkeit sind sie das ganze Jahr über erhältlich. Sie gelten als Gesundbrunnen, da sie uns mit Carotin (Provitamin A) versorgen, welches im Körper in Vitamin A umgewandelt wird. Der Carotingehalt der frischen, rohen Rüebli ist höher als der der gekochten, doch kann das Carotin der gekochten Rüebli (über die Verbindung mit Fett) besser vom Körper aufgenommen werden. Unter den Wintergemüsen sind sie besonders geschätzt, da sie nicht blähen, sie kommen als heiße Spezialitäten vor allem in der kalten Jahreszeit auf den Tisch, während sie im Sommer hauptsächlich roh gegessen werden.

Rüebli bilden dank ihrer idealen Nährstoffzusammensetzung außerdem einen wichtigen Bestandteil der Kleinkinderernährung.

Erntezeit:	Frische Rüebli werden zwischen Juli und Oktober, Lagerrüebli zwischen September und Oktober geerntet.
Aufbewahren:	Gekaufte Rüebli lassen sich bei 0–5 °C 2–4 Wochen aufbewahren, Lagergemüse.
Vorbereiten:	Junge Rüebli unter fließendem Wasser kräftig abbürsten. Lagerrüebli waschen, mit dem Rüstmesser schälen, nochmals kurz abspülen.
Zubereiten:	Roh, Saft, dämpfen, sieden im Dampf, sieden im Würzwasser.
Passende Kräuter und Gewürze:	Basilikum, Dill, Fenchel, Kerbel, Kümmel, Petersilie, Schnittlauch, Thymian
Überschüsse:	Dörren, sterilisieren.
Hinweise:	Rüebli lassen sich sehr gut nach den Pastinaken- und Bodenkohlrabi-Rezepten zubereiten.

Rüebli, gedämpft

800 g Rüebli	schälen, vierteln oder achteln und in 2–3 cm lange Stücke schneiden
20 g Butter 1 Zwiebel, gehackt	mit Rüebli dämpfen (10 Minuten)
1 Kartoffel	in kleine Würfel schneiden, beigeben
2–3 Knoblauchzehen	halbieren, beigeben
Thymian, gehackt Pfeffer, Salz	würzen, langsam fertigschmoren (20 Minuten). Die Kartoffel sollte sämig sein, die Rüebli knackig weich

Variante: Um einen Eintopf zu erhalten, wird die Kartoffelmenge erhöht (800 g). Dabei werden die Kartoffeln aber ungefähr gleich groß wie die Rüebli geschnitten. Bei beiden Zubereitungsarten kann vor dem Anrichten Rahm beigefügt oder Speck oder Wurst mitgekocht werden.

Wenn den in Butter und mit einer Zwiebel gedämpften Karotten kurz vor dem Anrichten eine Prise Zucker und etwas Mineralwasser zugegeben wird, erhält man die berühmten »Karotten Vichy«

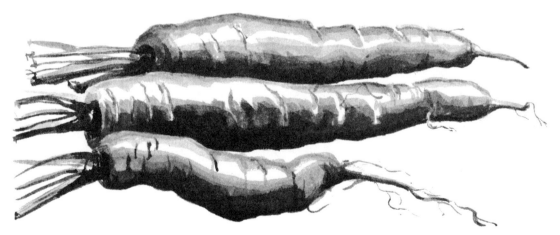

Rüebli/Möhren (Daucus carota L.)

Rüeblisalat, roh

400 g Rüebli	fein raffeln
2 Eßlöffel Zitronensaft	zugeben, mischen, 20 Minuten ziehen lassen
wenig Dill, gehackt Salz, Pfeffer	würzen, gut umrühren
evtl. 1 dl Rahm	dazugeben, nochmals gut rühren
Petersilie, gehackt	darüberstreuen

Im Winter muß evtl. etwas Süßmost oder Wasser dazugegeben werden, Wurzeln sind meist weniger saftig, Petersilie kann durch Kresse- oder Senfkeimlinge ersetzt werden

Rüeblisalat, gekocht

800 g Rüebli, (von gleicher Größe)	ungeschält im Dampf 15–20 Minuten knackig weich sieden. Die Haut abschaben, in Scheiben schneiden
4 Eßlöffel Essig Pfeffer	mit dem Schneebesen gut verrühren
1 Schalotte, gehackt	beigeben
4 Eßlöffel Sonnenblumenöl	beigeben, nochmals gut rühren. Die warmen Rüebli in die Sauce geben, mischen
Schnittlauch, gehackt Federkohl, gehackt	Sommer Winter, bestreuen

Warm oder kalt servieren. Der Salat wirkt sehr schön, wenn Blumenkohl (im Sommer) oder Pastinaken (im Winter) mitgekocht und zubereitet werden

Rüeblipraliné

400 g Rüebli	fein raffeln
200 g Haferflocken 150 g Korinthen 5 Eßlöffel Birnendicksaft 80 g weiche Butter	alles mit den geraffelten Rüebli zu einem weichen Teig mischen, kurz kneten. ½ Stunde kühl stellen. Baumnußgroße Kugeln formen
gemahlene Haselnüsse	Kugeln darin wenden. Die Pralinés lassen sich, kühl gelagert, 3–4 Tagen aufbewahren

Rüeblicreme-Suppe

250 g Rüebli	in feine Scheiben schneiden
10 g Butter 1 kleine Zwiebel, gehackt	mit Rüebli gut durchdämpfen (10 Minuten)
1 l Wasser	beigeben
Majoran, gehackt Kerbel, gehackt Pfeffer, Salz, Muskat	würzen, 10 Minuten kochen. Das Ganze mit dem Passiergerät passieren, in Pfanne zurückgeben, aufkochen
4 Eßlöffel Mehl 2 dl Milch	anrühren, in die siedende Flüssigkeit unter ständigem Rühren einfließen lassen, nochmals aufkochen lassen
1 Eigelb ½ dl Rahm	in der Suppenschüssel verquirlen. Suppe unter ständigem Rühren dazugießen
1 kleines Rüebli	in hauchdünne Scheiben schneiden, auf Suppe verteilen

Marinierte Rüebli (Kurzkonserve)

500 g kleine Rüebli	schälen
1 dl Wasser 1 dl Essig 1 Knoblauchzehe, gepreßt 1 Eßlöffel Thymian, gehackt 1 Prise Zucker 1 Prise Salz 1 Lorbeerblatt 1 Eßlöffel Senf	aufkochen. Rüebli beigeben, 10–15 Minuten al dente kochen, herausnehmen, mit einer Nadel einige Male einstechen
3 Eßlöffel Olivenöl Petersilie, gehackt	in die warme Flüssigkeit geben, gut umrühren, über die Rüebli gießen

Können in verschlossenem Gefäß 3–4 Wochen kühl gelagert werden. Als Beilage zu Raclette, Gschwellti usw. verwenden

Schwarzwurzel

Bevor die Schwarzwurzel im Laufe des 17. Jahrhunderts aus Wildformen zum Gemüse veredelt worden war, hatte sie sich bereits einen Namen als Heilpflanze gemacht. Ihre Beinamen »Vipernwurzel« und »Schlangengras« weisen auf die giftstillende Wirkung hin, die der Schwarzwurzel nachgesagt wurde. In den Schweizer Gärten des 16. Jahrhunderts wurde sie als Mittel gegen Schlangenbisse gezogen. Schwarzwurzeln wurden überdies als Vorbeugemittel gegen die Pest und als heilende Medizin bei Herzkrankheiten, Ohnmacht, Schwindelanfällen, Epilepsie, schwachen Augen, kranken Nerven, Lungenkrankheiten, Hypochondrie und Verdauungsstörungen angewendet.

Beachtliche gesundheitliche Qualitäten sind der nahrhaften Schwarzwurzel in der Tat nicht abzusprechen. Sie enthält, neben Vitamin C, reiche Mengen an Kalium, Kalzium, Eisen und Phosphor und überdies Kohlenhydrate in der für Zuckerkranke besonders günstigen Inulinform. Ihr hoher Gehalt an bekömmlichen pflanzlichen Eiweißen wirkt sich auch bei Magenkrankheiten günstig aus und beruhigt Darm und Nieren. Das Kochwasser von Schwarzwurzeln – wie Tee getrunken – empfiehlt sich bei Hautunreinheiten, Gicht und Rheumatismus. Der Saft der rohen Schwarzwurzeln soll Warzen zum Verschwinden bringen.

Die Schwarzwurzel ist von einer schwarzbraunen Korkschicht überzogen, die ihr den Namen gegeben hat. Das Vorbereiten der Schwarzwurzeln ist beschwerlich, doch der Aufwand lohnt sich. Nicht umsonst werden Schwarzwurzeln auch »Winterspargel« genannt. Richtig zubereitet, können sie es durchaus mit den weißen Sprossen aufnehmen. Warum im Winter nicht Schwarzwurzeln kaufen statt aus Südafrika eingeflogene Spargeln?

Erntezeit:	Oktober bis April. Schwarzwurzeln sind frosthart und können, bei ungefrorenem Boden, den ganzen Winter über nach Bedarf frisch geerntet werden.
Aufbewahren:	In Papier eingewickelt, bei 0–5 °C 1–2 Wochen. Lagergemüse.
Vorbereiten:	Da das Schälen der rohen Schwarzwurzeln ziemlich viel Zeit erfordert und überdies die Hände verfärben kann, ist es zweckmäßiger, die Wurzeln erst nach dem Sieden zu schälen. Müssen sie roh gerüstet werden, empfiehlt sich das Tragen von Plastikhandschuhen. Die geschälten Wurzeln sofort in kaltes Wasser legen. Damit sie ihre weiße Farbe behalten, pro Liter Wasser 2 Eßlöffel Mehl und 4 Eßlöffel Essig beigeben. Junge, zarte Blätter können auch als Salat verwendet werden.
Zubereiten:	Sieden im Dampf oder im Milchwasser (½ dl pro Liter Wasser).
Passende Kräuter und Gewürze:	Dill, Kerbel
Hinweise:	Zu den Schwarzwurzeln passen alle Saucen, die üblicherweise zu Spargeln gereicht werden. Ausgezeichnet schmecken Schwarzwurzeln, wenn sie nach folgenden Rezepten zubereitet werden: *Topinambursoufflé* (S. 186), *Chicorée an Käsesauce* (S. 150), *Rahmrüben* (S. 122) und *Frühlingsrüben* (S. 29).

Gschwellti Schwarzwurzeln

1 kg Schwarzwurzeln	in gleich lange (je nach Pfannengröße) Stücke schneiden, im Dampf 20 Minuten sieden. Anrichten mit *Curryrahm,* servieren (Gast rüstet, pellt seine Schwarzwurzeln selber)

Curryrahm
½ Teelöffel Curry
Pfeffer, Salz
1 Teelöffel Essig — gut verrühren

4 Eßlöffel Vollmilchquark — beigeben, nochmals tüchtig rühren

2 dl Rahm — steif schlagen, sorgfältig mit der Quarkpaste verrühren

Der Curryrahm darf pikant, aber nicht scharf sein, sonst übertönt er den zarten milchigen Schwarzwurzelgeschmack. *Käsemayonnaise* (S. 188), *Merrettichquark* (S. 171), Sauce bei *Chicorée au Roquefort* (S. 149), Füllungen zu *Chicorée-Schiffchen* (S. 149) sind ebenfalls geeignet für geschwellte Schwarzwurzeln

Schwarzwurzelsalat

500 g Schwarzwurzeln	sieden wie *Gschwellti Schwarzwurzeln* (S. 181), schälen, in 2 cm lange Stücke schneiden. Etwas auskühlen lassen und mit der halben Menge Curryrahm oder einer der anderen oben aufgeführten Saucen mischen

Variante: Schwarzwurzeln möglichst nicht schneiden und mit Curryrahm als Dip servieren

Schwarzwurzel (Scorzonera hispanica L.)

Weiß-Grün

500 g Schwarzwurzeln	sieden wie *Gschwellti Schwarzwurzeln* (S. 181), schälen und locker in eine gut gebutterte Gratinform legen
300 g Federkohlblätter	im Würzwasser 3–4 Minuten blanchieren, gut abtropfen
30 g Butter	in Pfanne (Chromstahl) erwärmen
3 Eßlöffel Mehl	beigeben, gut umrühren (Schneebesen), Pfanne von Platte nehmen
3 dl Würzwasser	hineingießen, gut rühren, auf Platte zurückstellen und unter ständigem Rühren eindicken lassen
70 g Sbrinz, gerieben ½ dl Rahm	beigeben
Muskat, Pfeffer, Salz 2 Knoblauchzehen, gehackt	würzen und Sauce über die Schwarzwurzeln gießen. Die Federkohlblätter (evtl. halbieren) zwischen die Schwarzwurzeln legen. Richtig farbenfroh wird's mit Polenta und Randensalat

Rassige Schwarzwurzeln

750 g Schwarzwurzeln	sieden wie *Gschwellti Schwarzwurzeln* (S. 181), Haut abziehen und in 4 cm lange Stücke schneiden
20 g Butter	in Pfanne erwärmen, Schwarzwurzeln beigeben
3 Knoblauchzehen, gepreßt	beigeben, das Ganze unter ständigem Rühren gut erwärmen (2–3 Minuten), anrichten
1 kleiner Lauch, gehackt 50 g Reibkäse	mischen und darüberstreuen

Gestreifte Schwarzwurzeln

750 g Schwarzwurzeln	sieden wie *Gschwellti Schwarzwurzeln* (S. 181), Haut abziehen und sofort auf vorgewärmte Platte anrichten
1 Federkohlblatt*, gehackt 50 g Sbrinz, gerieben Paprika	abwechslungsweise als farbige Streifen über die Schwarzwurzeln streuen
30 g Butter	schmelzen und darübergießen

* oder Dill, Kerbel. Falls getrocknet, vorher in wenig Wasser einlegen

Stachys

Der Stachys, aus der Familie der Lippenblütler, stammt ursprünglich aus Japan. In den Ländern des fernen Orients ist er eine weitverbreitete und sehr geschätzte Delikatesse. Sein Bekanntwerden in Europa soll der Stachys dem Arzt der russischen Botschaft in Peking verdanken. Über diesen – oder auf anderen Wegen – sind die weißen Knöllchen, die in ihrem Aussehen Engerlingen bzw. geschälten Crevetten ähneln, nach Crosne bei Paris gelangt, wo sie 1887 zum ersten Mal angebaut wurden.

Der »Crosne de Japon«, so heißt der Stachys in Frankreich, wurde zu einem Erfolg, zu einem kulinarischen Geheimtip, auch über die französischen Grenzen hinweg. In Großmutters Kochbuch – z. B. »Gritli in der Küche« – wird der Stachys, der damals noch auf den Märkten feilgeboten wurde, als nahrhafter Leckerbissen für besondere Gelegenheiten empfohlen. Leider ist er heute zur Rarität geworden. Die Nachfrage nach den kleinen, aber feinen und nur etwa 2 g schweren Knöllchen ist größer als das entsprechende Angebot. Das mag seinen Grund darin haben, daß der nicht eben ertragreiche Stachys sehr mühselig und nur von Hand zu ernten ist.

Stachys, auch Knollenziest, Japanische Kartoffel oder Chinesische Artischocke genannt, enthält das leicht aufnehmbare Kohlenhydrat Stachyose und paßt als sog. Inulin-Gemüse wie auch der Topinambur und die Schwarzwurzel bestens auf den Speisezettel von Diabetikern. Im Geschmack liegt er zwischen Artischocke und Schwarzwurzel.

Erntezeit:	Mitte Oktober bis Frühling. Ernte nur bei ungefrorenem Boden möglich.
Aufbewahren:	Bei 0–5 °C 2–3 Tage
Vorbereiten:	Die kleinen Knöllchen portionsweise in ein Sieb geben, abspülen, im Sieb gut abbürsten, nochmals gründlich waschen. Eventuell Würzelchen, die sich noch nicht gelöst haben, abschneiden.
Zubereiten:	Dämpfen, sieden im Dampf oder im Würzwasser.

Stachys-Cocktail

200 g Stachys
1 l Wasser
1 Eßlöffel Zitronensaft — aufkochen, Stachys darin 5–7 Minuten weich sieden, gut abtropfen lassen

4 Eßlöffel Vollmilchquark
1 Eßlöffel Zitronensaft
Dill, gehackt
Pfeffer, Salz — mit Schneebesen gut verrühren

1 dl Rahm — steif schlagen, mit Sauce mischen, Stachys beigeben

4 kleine Federkohlblätter — auf Teller legen. Cocktail darauf anrichten

1 Rüebli — in ganz feine Scheiben schneiden, darüberstreuen

So wurde Stachys früher zubereitet:
Zwei Rezepte aus »Gritli in der Küche« (4. Auflage, 1911)
½ kg Stachys
20 g frische Butter
30 g Parmesankäse
1 Löffel Brosamen oder Mehl
1 l Wasser, Salz

Die Stachys werden mit einer Bürste gut gereinigt, in Salzwasser weich gekocht und wie Schwarzwurzeln zubereitet. Da das Gemüse sehr viel Wasser enthält, ist die Behandlung als *Stachys au gratin* vorteilhafter: Man kocht sie nicht ganz weich, bringt sie auf eine mit Butter ausgestrichene, feuerfeste Platte, streut lagenweise Butter und Käse darüber, zuoberst Brosamen, und backt sie im Backofen ca. ½ Stunde

Stachys (Stachys sieboldii Miq.)

Topinambur

Die Heimat des Topinambur ist Nordamerika. Heimkehrende Seefahrer haben ihn nach Europa gebracht. Tragisch und grotesk ist die Geschichte, wie der Topinambur zu seinem exotischen Namen gekommen ist. Im Jahr 1613 hatte ein Seigneur der Königin des Sonnenhofs von Brasilien einige Indianer aus dem Stamm der Tupinabous als lebendes Geschenk mitgebracht. Die Indianer wurden in ganz Frankreich herumgereicht, bestaunt, getauft und verheiratet. Sie waren gar Anlaß für eine Wort-Neuschöpfung, nämlich Topinambur. Topinambur stand für alles Bizarre, Groteske, Großartige, und es dauerte nicht lange, bis die schmackhafte nordamerikanische Knolle, die in Frankreich schon um 1600 angebaut wurde und rasche Verbreitung gefunden hatte, Topinambur getauft wurde.

In den deutschsprachigen Ländern wurde die exotische Knolle pragmatischer und in Anlehnung an die Kartoffel, die man Erdapfel hieß, Erdbirne genannt. Bis zum 18. Jahrhundert unterschied man kaum zwischen den beiden. Dann aber hat die Kartoffel dem Topinambur den Rang abgelaufen. Mit Ausnahme vom Südbadischen, einigen Regionen Frankreichs und vereinzelten Hausgärten hat sich der Topinambur nirgends behaupten können.

Er schmeckt fast wie Artischocke, im Aussehen ähnelt er der Kartoffel und ist, botanisch gesehen, ein Verwandter der Sonnenblume. Die Topinamburstauden mit ihren kleinen gelben Blüten können bis zu 3 m hoch werden. Sie dienen als Sicht- und Windschutz für den Garten, als herbstliche Honigweiden für die Bienen, als Grünfutter für das Vieh und werden oftmals – als Nahrungsquelle für das Wild – an Waldrändern und Wildwechseln angepflanzt. Aus der Knolle kann Alkohol gewonnen und Würzwein hergestellt werden. In Frankreich versucht man neuerdings sogar, aus dem unwahrscheinlich fruchtbaren Topinambur – wie aus Zucker in Brasilien – Benzinersatz herzustellen: Blech frißt Essen auf, in der Ersten und in der Dritten Welt.

Topinambur ist in der Tat eine sehr vielseitig verwendbare Knolle. Nahrhaft und schmackhaft ist er obendrein. Topinambur enthält viel Vitamin B und C und Karotin, welches der menschliche Körper braucht, um das lebenswichtige Vitamin A aufbauen zu können. Topinambur empfiehlt sich auch für Diabetiker, da er keine Stärke, wie die Kartoffel, sondern Inulin enthält. Sein Eisengehalt übertrifft den des (dafür bekannten) Spinats.

Erntezeit:	November bis April, Topinambur ist frostfest und kann bei ungefrorenem Boden immer wieder geerntet werden.
Aufbewahren:	Höchstens eine Woche bei 0–5 °C. Verliert leicht den Wassergehalt und schrumpft daher rasch. In Plastik gelagert, beginnen sie zu schimmeln. In Sand vergraben, 1–2 Monate haltbar.
Vorbereiten:	Mit Bürste unter fließendem Wasser waschen. Stark verzweigte Knollen evtl. entzweischneiden. Die Haut ist wohlschmeckend und nährstoffreich, kann aber Blähungen hervorrufen. Knollen schälen, direkt nach dem Waschen oder nach dem Kochen.
Zubereiten:	Roh, Saft, dämpfen, sieden im Würzwasser oder im Dampf.
Passende Kräuter und Gewürze:	Kerbel, Meerrettich, Senf, Zitrone.
Hinweise:	Topinambur läßt sich auch nach den Rezepten für Herbst- und Mairüben, Kohlrabi und Knollensellerie zubereiten.

Topinambur-Soufflé

800 g Topinambur	mit grober Raffel raffeln
1 Lauch	fein schneiden
1 dl Milch 1 dl Wasser 1 Knoblauchzehe, gepreßt	aufkochen, Gemüse beigeben und 20 Minuten kochen (Vorsicht: kocht gerne über). Mit Schneebesen glattrühren (Mus), etwas auskühlen lassen
3 Eigelb 100 g Reibkäse Pfeffer, Muskat	beigeben
3 Eiweiß	steif schlagen, sorgfältig darunterziehen. Sofort in gut gebutterte Souffléform füllen. Im vorgewärmten Ofen auf 200 °C auf der untersten Rille 35–40 Minuten backen. Rohen Randensalat dazu servieren

Topinambursuppe

600 g Topinambur	mit grober Raffel raffeln
20 g Butter 1 Zwiebel, gehackt	mit Topinambur dämpfen (10 Minuten)
1 l Wasser	ablöschen
1 Knoblauchzehe, gepreßt Muskat, Salz	würzen
1 Scheibe Brot	beigeben, 20 Minuten kochen; mit Schneebesen cremig rühren
1 kleiner Lauch	fein schneiden, in Suppe geben, nochmals 5 Minuten kochen, anrichten. Mit rotem Meerrettichquark servieren (*Meerrettichquark,* S. 171, mit 2–3 Eßlöffel Randensaft färben)

Topinambur vite

600–800 g Topinambur	in ½ cm dicke Scheiben schneiden. Im Würzwasser etwa 10 Minuten kochen, abtropfen lassen
20 g Butter	schmelzen, die abgetropften Topinambur leicht anbraten, anrichten
1 kleiner Lauch	sehr fein hacken und darüberstreuen

Topinambursalat

2 Eßlöffel Essig
2 Eßlöffel Süßmost
1 Eßlöffel Birnendicksaft
Kerbel, gehackt
Pfeffer   mit Schneebesen gut verrühren

2 Eßlöffel Sonnenblumenöl
4 Eßlöffel Sauerrahm   beigeben, nochmals gut rühren

500 g Topinambur   mit grober Raffel in Sauce raffeln und immer wieder umrühren, damit die Topinambur nicht braun werden

40 g Haselnüsse   grob hacken, in Bratpfanne rösten, über den Salat geben

Klosterfrauensalat

(mitgeteilt von einer Klosterfrau in Solothurn)

1 Eßlöffel Zitronensaft
1 Prise Zucker, Salz   mit Schneebesen gut verrühren

3 Eßlöffel Öl
2 Eßlöffel Rahm   beigeben, nochmals gut rühren

1 saurer Apfel   waschen, mit grober Raffel in Sauce raffeln, umrühren

300 g Topinambur   mit grober Raffel in Sauce raffeln, umrühren, etwa 10 Minuten ziehen lassen

100 g Randen   mit grober Raffel raffeln, zu Salat geben und nur noch kurz umrühren, sonst verfärbt sich alles rot

Topinambur (Helianthus tuberosus L.)

Gschwellti Topinambur

1 kg Topinambur	in Dampf 20–30 Minuten sieden, anrichten, mit *Käsemayonnaise* servieren

Käsemayonnaise

1 Eigelb	
1 Eßlöffel Senf	mit Schneebesen gut verrühren
1 dl Sonnenblumenöl	unter ständigem Rühren tropfenweise zugeben
1 Eßlöffel Zitronensaft	
Salz, Pfeffer	
1 dl Joghurt, natur	zugeben, verrühren
100 g Käsereste	reiben, mit Mayonnaise mischen
1 Eiweiß	steif schlagen und sorgfältig unter die Mayonnaise ziehen

Meerrettichquark (S. 171), Sauce bei *Chicoree au Roquefort* (S. 149), Füllung der *Chicorée-Schiffchen* (S. 149), *Curryrahm* (S. 181) eignen sich ebenfalls als Beigabe zu Topinambur

---

Stichwort: **Importprodukte aus Bio-Anbau.** Ein großer Teil der Bio-Produkte werden importiert. Dies hat folgende Gründe:

- Gewisse Pflanzen können bei uns nicht wachsen.
- Auch die Gaumen der Bio-Konsumenten und -Konsumentinnen werden zunehmend anspruchsvoller (Kiwi, Avocados).
- Zur ›Saisonverlängerung‹ bei Gemüse und Obst sind Importprodukte ebenfalls gefragt
- Die Nachfrage nach Bio-Produkten ist bisher größer als die einheimische Produktion.

Auch wenn einzelne Gründe für einen Import sprechen, sind *oftmals Herkunft und Seriosität* unklar. Neben den schlechten Kontrollmöglichkeiten bringen Bio-Importe die gleichen Probleme mit sich wie konventionelle Importe:

- Verdrängung der einheimischen Produkte,
- lange Transportwege, z. T. mit dem Flugzeug,
- die Gefahr, daß die Grundsätze einer bewußten jahreszeitengerechten Ernährung wieder vergessen gehen.

Winterkürbis

Kürbisse, Gurken, Melonen, Zucchetti, Rondini und Patisson gehören alle zur Familie der Kürbisgewächse. Bemerkenswert an dieser Familie ist der Umstand, daß sich ihre verschiedenen Glieder nachweislich weder auf eine gemeinsame Ur- bzw. Wildform noch auf eine gemeinsame geographische Herkunft zurückführen lassen. Gurken stammen aus Asien, Melonen und Patisson aus Afrika, Kürbisse, Zucchetti und Rondini aus Zentral- und Südamerika. Ob sich von den verschiedenen Ursprungsländern der Kürbisgewächse auf vorgeschichtliche geologische Zusammenhänge schließen läßt, bleibt dahingestellt.

Seit dem 16. Jahrhundert werden Kürbisse als Nahrungs-, Zier- oder Futterpflanzen auch in Europa angebaut. Es wird angenommen, daß sie von den spanischen Eroberern aus Lateinamerika heimgebracht wurden. Dort spielten Kürbisse von alters her eine wichtige Rolle: Mais, Bohnen und Kürbisse – oft in Mischkulturen angebaut – waren der Indianer täglich Brot. Sie nannten sie die »drei heiligen Schwestern«. Kürbisse wurden und werden in Lateinamerika, aber auch in Afrika nicht bloß als Grundnahrungsmittel, sondern auch als Gebrauchs- und Kultgegenstände genutzt. Bestimmte Sorten lassen sich als Rhythmusinstrumente benutzen: Beim Schütteln erzeugen die getrockneten Samen ein rasselndes Geräusch. Aus anderen Kürbissen, z. B. der Baumkalebasse oder dem Flaschenkürbis, werden in Afrika Trinkschalen und Gefäße hergestellt. Gewisse Kürbisarten werden zudem zur Gewinnung von Öl angebaut. Kürbiskernöl ist heute vor allem in Österreich verbreitet.

Die Kürbispflanzen der vorkolumbischen Indianer haben sich bis heute fast unverändert erhalten. Abgesehen von botanischen Klassifikationen, werden Kürbisse je nach Wachstumsformen und Lagerfähigkeit in Sommer- und Winterkürbisse eingeteilt. Letztere, dazu gehören z. B. die hartschaligen »gelben Zentner«, die »Etampes« und die »orangen Knirpse«, heißen so, weil sie bis weit in den Winter hinein gegessen werden können.

Kürbisse sind botanisch gesehen Beeren. Aus ihnen lassen sich viele wohlschmeckende und farbenfrohe Gerichte zubereiten. Neben den Vitaminen B und C enthalten sie wichtige Mineralstoffe und auch etwas Carotin. Von gewissen Kürbissorten können auch die Kerne mitgegessen werden. Diese, gut zum Knabbern beim Aperitif, sollen Blasenleiden heilen helfen und Darmwürmer bzw. Bandwürmer verscheuchen.

Erntezeit:	September bis zum ersten Frost
Aufbewahren:	Die ausgereiften (hohler Klang) und abgeernteten Kürbisse können bei 8–12 °C bis Weihnachten, kleinere Sorten gar bis März oder April aufbewahrt werden. Angeschnittene Kürbisse innerhalb einer Woche aufbrauchen.
Vorbereiten:	Gut waschen, in Schnitze teilen, schälen, Mark herauslösen. Die Kerne können herausgelesen und in etwas Butter geröstet werden. Für Mus: Kerne mit dem Mark mitkochen und pürieren (Kerne sind mineralstoff- und eiweißreich).
Zubereiten:	Roh, dämpfen, sieden im Dampf oder im Würzwasser. Kürbisse entfalten ihr volles Aroma erst beim Kochen.
Passende Kräuter und Gewürze:	Anis, Birnel, Dill, Liebstöckel, Ingwer, Zimt
Überschüsse:	Sterilisieren, heiß einfüllen (Konfitüre, süß-sauer).

Kürbisgratin

1 kg Kürbis	in 2 cm große Würfel schneiden
20 g Butter (Kürbisöl) 1 Zwiebel, gehackt	gut dämpfen
1 Knoblauchzehe, gepreßt	mit Kürbiswürfel zusammen beigeben, kurz mitdämpfen
1 dl Weißwein 1 Eßlöffel Essig	beigeben, 5 Minuten leise kochen lassen
	Kürbiswürfel abtropfen lassen und in ausgebutterte Gratinform einfüllen
20 g Butter	(in Chromstahlpfanne) erwärmen
3 Eßlöffel Mehl	beigeben, gut mit Butter verrühren, Pfanne vom Feuer nehmen
1½ dl Kürbiswasser	beigeben, auf Feuer zurückstellen und unter ständigem Rühren eindicken lassen
2 dl Sauerrahm 2 Eßlöffel Haselnüsse, gemahlen 2 Eßlöffel Bergkäse, gerieben Dill, gehackt Schnittlauch, gehackt Muskat, Salz	in Schüssel mischen, Sauce dazugießen, gut umrühren, über den Kürbis gießen
Haselnüsse, gemahlen Bergkäse, gerieben Butterflocken	darüberstreuen, bei 220 °C oben im Ofen 15 Minuten gratinieren

Kürbispüree, pikant

1 kg Kürbis	in kleine Stücke schneiden
20 g Butter 3 Zwiebeln, gehackt	mit dem geschnittenen Kürbis dämpfen, nach 10–15 Minuten passieren
Muskat, Salz	würzen, Püree in Pfanne zurückgeben, auf die noch warme Platte stellen
20 g Butter (Kürbisöl)	dazugeben und luftig rühren (wie Kartoffelstock). Dazu Kartoffelstock und Federkohlsalat servieren.

Kürbiskuchen

Springform wie für *Kürbiskuchen, souffliert* vorbereiten

2 Eier	
3 Eßlöffel Birnendicksaft	
½ Teelöffel Zimt	
1 Prise Nelkenpulver	
1 dl Rahm	zusammen schaumig rühren
100 g Baumnüsse	mahlen, beigeben
700 g Kürbis	mit grober Raffel in Teig raffeln, gut mischen und in die Springform einfüllen
einige Baumnüsse	als Garnitur leicht in Teigmasse drücken. Im vorgeheizten Ofen bei 220 °C in der unteren Hälfte 50–60 Minuten backen

Varianten: a) Anstelle von Zimt, Nelkenpulver, Birnendicksaft – 1 gepreßte Knoblauchzehe, Muskat und Salz zugeben. b) Anstelle von 700 g Kürbis nur 550 g und 2 gehackte Zwiebeln verwenden

Winterkürbis (Cucurbita div. specie)

Kürbissalat

2 Eßlöffel Zitronensaft
1 Messerspitze Anispulver
1 Eßlöffel Honig   mit Schneebesen gut verrühren

1 dl Joghurt, natur
50 g Haselnüsse, gemahlen   beigeben, umrühren

400 g Kürbis   mit grober Raffel oder Hobel in Sauce raffeln, mischen und anrichten

Kürbis, gedämpft

1 kg Kürbis   in 2 cm große Würfel schneiden

20 g Butter (Kürbisöl)
1 Zwiebel, gehackt   gut durchdämpfen

1 Knoblauchzehe, gepreßt   beigeben, mit Kürbiswürfeln zusammen 2–3 Minuten mitdämpfen

1 dl Weißwein
1 Eßlöffel Essig   beigeben, 10–15 Minuten schmoren lassen

Schnittlauch, gehackt   darüberstreuen

Kürbiskuchen, souffliert

Kuchenteig wie *Rosenkohltorte* (S. 174) herstellen. Ausgebutterte Springform damit auskleiden

1 kg Kürbis   in Stücke schneiden und im Dampf sieden, 15–20 Minuten, gut abtropfen lassen, passieren, auskühlen

3 Eigelb
2 Eßlöffel Birnendicksaft   schaumig rühren

½ Teelöffel Zimt
1 Prise Ingwer
1 Prise Muskat   Schaummasse würzen, gut rühren

50 g Mehl   beifügen, mischen

3 Eiweiß
1 Prise Salz   steif schlagen, sorgfältig unter die Masse ziehen. In Springform einfüllen. Bei 190 °C im vorgewärmten Backofen 50 Minuten backen. Heiß (Soufflé) oder kalt (Kuchen) servieren

Kürbissuppe

1 kg Kürbis	in Stücke schneiden
3 Knoblauchzehen	
4 dl Wasser	aufkochen, Kürbisstücke und Knoblauchzehen darin weich sieden, 10 Minuten, passieren
20 g Butter (Kürbisöl) 1 Zwiebel, gehackt	gut durchdämpfen, passierten Kürbis beigeben
1 Kartoffel, roh	mit Bircherraffel in Suppe raffeln
Liebstöckel, gehackt Salz	würzen, die Suppe 20–30 Minuten leise kochen
150 g Sauermilch	einrühren, nochmals zum Kochen bringen und anrichten

Variante: Sauermilch nicht beigeben, sondern mit 1 dl geschlagenem Rahm zu sämiger Sauce verrühren und dazu servieren

Kürbispüree, süß

1 kg Kürbis 2 Äpfel	in kleine Stücke schneiden
1 dl Wasser	aufkochen, Kürbis und Äpfel beigeben, zugedeckt weich kochen, nach 10–15 Minuten passieren
½ Teelöffel Zimt 1 Messerspitze Muskat 1 Messerspitze Nelkenpulver	würzen, Püree in Pfanne zurückgeben, auf die noch warme Platte stellen
1 dl Rahm	dazugeben und luftig rühren (wie Kartoffelstock). Anstelle von Apfelmus servieren

Stichwort: **Bio-Markenzeichen.** In der Bundesrepublik Deutschland bürgen *fünf*, in der Schweiz *sechs* Verbände und eine Firma mit ihren Markenzeichen für Naturschutz und Lebensmittelqualität.

Bundesrepublik

Demeter	Bioland	Anog	Biokreis e.V. Oberbayern	Naturland
seit 1924	seit 1971	seit 1962	seit 1979	seit 1982

Adressen von bundesdeutschen Naturkostläden sind gegen ein frankiertes Antwortcouvert erhältlich bei: Naturkost e.V., Friedrichstraße 2, D-6233 Kelkheim

---

Schweiz

Demeter	Biofarm	SGBL	Agricoltura Ecologica	Progana
seit 1924	seit 1972	seit 1947	seit 1979	seit 1978

Diese fünf Organisationen sind in der VSBLO (Vereinigung Schweizerischer Biologischer Landbau-Organisationen) zusammengeschlossen. Ihr gemeinsames Label ist die »Knospe«. Die Knospe kann anstelle des Markenzeichens der einzelnen Richtungen oder neben diesen Markenzeichen stehen. Neben den »Knospen-Organisationen« gibt es eine weitere Organisation und eine Firma, die VSBLO-unabhängige Reglemente bezüglich des biolog. Anbaus erstellt haben:

Bio-Gemüse AVG Galmiz   BIOTTA
(Anbau-, Großhandels- und Verarbeitungsbetrieb)
seit 1945   seit 1962

Rezeptverzeichnis

Artischocken auf römische Art 43
Artischockenböden au fromage 44
Artischockenherzen à la provençale 44
Aubergineneintopf 46
Auberginensalat 47
Aubergines à la crème 46

Blumenkohl à la polonaise 49
Blumenkohl, gratiniert 49
Blumenkohl vinaigrette 50
Blumenkohl vite 50
Bodenkohlrabi, gedämpft 115
Bodenkohlrabi, klassisch 115
Bohnen mit Tomatensauce 52
Bohnen, gedämpft 52
Bohnensalat 54
Bratsellerie 159
Broccoli italienisch 60
Broccoli mit Buchweizen 59
Broccoli mit Mandelsauce 60
Broccoli mit Pilzen 60
Broccolisalat 59
Bünteli 140
Busecca 53

Capuns 103
Catalogna vite 63
Catalognasalat 63
Catalognaschnitten 62
Chicorée au Käsesauce 150
Chicorée au Roquefort (belgisch) 149
Chicorée, polnisch 150
Chicorée-Schiffchen 149
Chinakohlsalat riche 118
Chinakohlsalat, süß-sauer 119
Cima di rapa mit Orecchietti 65
Cima di rapa, gemischt 66
Cima di rapa, gedämpft 65
Cima di rapa-Strudel 66
Curryrahm 181
Curry-Schalotten 144

Dips:
Broccoli-Salat 59
Chicorée-Schiffchen 149
Fenchel in Essig 76
Frühlingsrüben 29
Kardy-Salat 156
Kohlrabistengel 84
Patisson, mariniert 94
Roher Blumenkohlsalat 50
Schwarzwurzelsalat 181
Stangensellerie mit Zwetschgensauce . 133
Dreifarbige Terrine 62

Eintöpfe:
Aubergineneintopf 46
Busecca 53
Federtopf 152
Freiburger Topf 121
Mexikanischer Bohnentopf 56
Neuseeländer-Sandwich 91
Ratatouille 97
Succotasch 57
Tätsch 154
Vogelfutter riche 162
Waadtländer Eintopf 163
Walliser Eintopf 141
Wintertopf 116, 175
Zucchetti-Kartoffel-Topf 111
Erbsen auf französische Art 71
Erbsen vite 70
Erbsenpüree als Brotaufstrich 70
Erbsensalat 70
Erbsensuppe 72
Erbsensuppe mit Gnagi 71

Farbige Gschwellti 169
Federkohlpüree 152
Federkohlsuppe 152
Federtopf 152
Fenchel an Pilzsauce 78
Fenchel in Essig 76

Fenchel, gefüllt	77
Fenchel-Käse-Salat	78
Fenchel-Tomaten-Salat	79
Fenouil au gratin à la genèvoise	76
Forelle auf Gemüsebeet	79
Freiburger Tomaten	106
Freiburger Topf	121
Frühlingsrüben	29
Frühlingssuppe	40
Ganze Artischocken	43
Gebratene Knoblauchzehen	125
Gebratene Selleriescheiben	160
Gedämpfte Artischocken	44
Gedörrte grüne Bohnen	54
Gefüllte Auberginen	46
Gemüsepastete	128
Gemüsesuppe	30
Gratins:	
Fenouil au gratin	76
Kürbisgratin	190
Weiß-Grün	182
Zwiebel-Apfel-Topf	144
Grüne Rüben	28
Gurken, Emmentaler Art	82
Gurken, gedämpft	82
Gurken, gefüllt	81
Gurkensalat	81
Häfeli Chabis	28
Herbstrüben	121
Kardy mit Zwiebeln	156
Kardy mit Ei	156
Kardy-Salat	156
Kardy-Suppe	157
Kefen, gedämpft	73
Kefensalat	73
Klosterfrauensalat	187
Knabberbohnen	56
Knackerbsen im Dinkelring	74
Knackerbsen, polnisch	74
Knoblauchsuppe	124
Knusperli	59
Kohlrabi, gedämpft	85
Kohlrabi, gefüllt	84
Kohlrabisalat	85
Kohlrabistengel	84
Kräuter-Peperoni	98
Krautstiele, dreifarbig	88
Krautstiele einmachen	87
Krautstielsalat	87
Kürbis, gedämpft	192
Kürbisgratin	190
Kürbiskuchen	191
Kürbiskuchen, souffliert	192
Kürbispüree, süß	193
Kürbispüree, pikant	190
Kürbissalat	192
Kürbissuppe	193
Lattich nach Großmutterart	25
Lattichsalat	26
Lattichwickel	26
Lauchgemüse	162
Lauchsalat	164
Mandel-Knoblauch	124
Mangold	104
Mangold-Rolle	104
Mexikanischer Bohnentopf	56
Milchkohl	119
Minzenerbsen	72
Navet	28
Neuseeländer-Sandwich	91
Neuseeländer-Terrine	90
Neuseeländerspinat vite	90
Pak-Choi-Salat	127
Pak-Choi, gedämpft	127
Paskar im Ofen	167
Pastinakenchips	166
Pastinakensalat	166
Pastinaken-Torte	166
Patisson, gebraten	93
Patisson, gefüllt	93
Patisson, mariniert	94

Patissontopf	94
Peperoni, gefüllt, warm	98
Peperoni, gefüllt, kalt	99
Peperoni-Salat, farbig	99
Provenzalischer Aioli	125
Puffbohnensalat	55
Räbenmus, Zuger	121
Räbensalat	116
Rahmraben	84
Rahmrüben	122
Randengemüse	170
Randensalat, gekocht	169
Randensalat, roh	170
Randentorte	170
Ratatouille	97
Rhabarbercreme	33
Rhabarbergemüse	32
Rhabarberkompott	33
Rhabarberpolenta	32
Roher Blumenkohlsalat	50
Rondini im Dampf	101
Rosenkohl, gedämpft	173
Rosenkohl, knusprig	173
Rosenkohlgemüse	174
Rosenkohltorte	174
Rote Suppe	171
Roter Sauerkrautsalat	131
Rotkohl, gedämpft	130
Rüebli, gedämpft	177
Rüebli, mariniert	179
Rüeblicreme-Suppe	179
Rüeblipraliné	178
Rüeblisalat, gekocht	178
Rüeblisalat, roh	178

Salate
Bohnensalat	54
Broccolisalat	59
Catalognasalat	63
Chinakohlsalat	119
Chinakohlsalat, riche	118
Erbsensalat	70
Fenchel-Tomaten-Salat	79
Fenchel-Käse-Salat	78
Gurkensalat	81
Kabissalat, traditionell	153
Kardy-Salat	156
Kefensalat	73
Klosterfrauensalat	187
Kohlrabisalat	85
Krautstielsalat	87
Kürbissalat	192
Lattichsalat	26
Lauchsalat	164
Pak-Choi-Salat	127
Pastinakensalat	166
Peperoni-Salat, farbig	99
Puffbohnensalat	55
Räbensalat	116
Randensalat, gekocht	169
Randensalat, roh	170
Roher Blumenkohlsalat	50
Roter Sauerkrautsalat	131
Rüeblisalat, gekocht	178
Rüeblisalat, roh	178
Schwarzwurzelsalat	181
Selleriesalat	160
Spargelsalat	37
Spinatsalat	40
Stangensellerie-Salat	133
Stielmussalat	30
Tomatensalat mit Eiern	108
Topinamboursalat	187
Wintersalat	138
Zucchetti-Salat, farbig	111
Zwiebelsalat	146

Saucen:
Curryrahm	181
Gorgonzolasauce	104
Käsemayonnaise	188
Kräutersauce	37
Mandel-Knoblauch	124
Mayonnaise	37
Meerrettichquark	171
Provenzalischer Aioli	125
Sauce vinaigrette	50
Skordalia	124

Spinatsauce	39		Rote Suppe	171
Tomatensauce	106		Rüeblicremesuppe	179
Tomaten-Ketchup	108		Sauerkrautsuppe	137
Tsatsiki	82		Selleriesuppe	160
Vanillejoghurt	171		Tomatensuppe	106
Zwiebelsauce	144		Topinambursuppe	186
Sauerkraut	136		Zwiebelsuppe	145

Sauerkrautauflauf 136
Sauerkrautsuppe. 137
Schwarzwurzeln, Gschwellti. 181
Schwarzwurzeln, gestreift. 182
Schwarzwurzeln, rassig 182
Schwarzwurzelsalat 181
Selleriesalat 160
Selleriescheiben, mariniert 159
Selleriesuppe 160
Skordalia 124
Sommerspargeln 88
Spargelcremesuppe. 35
Spargel sieden. 36
    Elsässische Art 37
    Flämische Art 36
    Italienische Art 36
    Polnische Art 36
    Spanische Art 36
Spargelsalat 37
Spinat, gedämpft 39
Spinatkugeln 40
Spinatsalat 40
Spinatsauce 39
Stachys-Cocktail 184
Stangensellerie mit Markschnitten 134
Stangensellerie mit Zwetschgensauce . . . 133
Stangensellerie-Salat 133
Succotasch 57
Suppen:
    Erbsensuppe 72
    Erbsensuppe mit Gnagi. 71
    Federkohlsuppe. 152
    Frühlingssuppe. 40
    Gemüsesuppe 30
    Kardy-Suppe 157
    Knoblauchsuppe. 124
    Kürbissuppe 193

Tätsch 154
Tomaten im Glas 109
Tomaten surprise 107
Tomaten-Ketchup 108
Tomatenmark 109
Tomatenmousse 107
Tomatensalat mit Eiern 108
Tomatensauce 106
Tomatensuppe 106
Topinambur, Gschwellti 188
Topinambur vite 186
Topinambur-Soufflé. 186
Topinambursalat 187
Topinambursuppe 186
Tsatsiki 82

Urner Poris 162

Vanillejoghurt 171
Vogelfutter riche 162
Vorspeisen:
    Artischocken auf römische Art 43
    Frühlingsrüben 29
    Ganze Artischocken 43
    Stachys Cocktail 184

Waadtländer Eintopf 163
Walliser Eintopf 141
Weiß-Grün 182
Wintersalat 138
Wintertopf 116, 175
Wirz, gefüllt 140
Wirzsuppe 142
Würzkabis 138
Wurzelmarroni 167

Zucchetti à la meunière	112	Zwiebel-Apfel-Topf	144
Zucchetti, südlich	112	Zwiebeln, gefüllt	146
Zucchetti-Kartoffel-Topf	111	Zwiebelsalat	146
Zucchettimousse	112	Zwiebelsauce	144
Zucchetti-Salat, farbig	111	Zwiebelsuppe	145
Zweierlei	167		

Gemüseverzeichnis

Artischocke	42	**G**rünkohl	151
Aubergine	45	Gurke	80
Bischofsmütze	92	**H**erbstrübe	120
Blattzichorie	61		
Blumenkohl	48	**K**aisermütze	92
Bodenkohlrabi	114	Kardy	155
Bohne	51	Kefe	69
Broccoli	58	Knackerbse	69
Brüsseler Witloof	148	Knoblauch	123
		Knollensellerie	158
Catalogna	61	Kohlrabi	83
Chicorée	148	Krautstiel	86
Chinakohl	117		
Cima di rapa	64	**L**attich	24
		Lauch	161
Eierfrucht	45		
Einleggurken	80	**M**airübe	27
Erbse	68	Mangold	102
Federkohl	151	Möhren	176
Fenchel	75		

199

Neuseeländer-Spinat	89
Nostranogurken	80
Pak-Choi	126
Paprika	96
Pastinake	165
Patisson	92
Peperoni	96
Porree	161
Rande	168
Rhabarber	31
Rippenmangold	86
Rondini	100
Rosenkohl	172
Rote Bete	168
Rotkabis	129
Rotkohl	129
Rüebli	176
Rübstiel	27
Schlangengurken	80
Schnittmangold	102
Schwarzwurzeln	180
Spargel	34
Speiserübe	27
Speisekohlrübe	114
Spinat	38
Stachys	183
Stangensellerie	132
Stengelkohl	64
Stielmangold	86
Stielmus	27
Teltower Rübchen	27
Tomate	105
Topinambur	185
Weißkabis	135
Weißkohl	135
Winterkürbis	189
Wirsing	139
Wirz	139
Zucchetti	110
Zucchini	110
Zwiebel	143

Literaturverzeichnis

H. und G. Albonico, **Schweizer Tafelfreuden,** Band 1–3, Zürich: 1972–1976, Silvia Verlag

Bertolami, Silvio, **Für wen die Saat aufgeht.** Pflanzenzucht im Dienste der Konzerne, Basel: 1981 (Z-Verlag)

Bock, Hyronimus, **Kräuterbuch,** Faksimile 1577 reprint 1964, Konrad Kölbel, Grünewald bei München

J. Becker-Dillingen, **Handbuch des gesamten Gemüsebaus,** Berlin und Hamburg: 1950 Verlag Paul Parey

A. Gfeller, N. Hartmann-Imhof, **Delikate Gemüse,** Zürich 1966, (Verlag E. Hartmann). – **Wintergemüse zur Gaumenfreude,** Zürich 1967 (Verlag E. Hartmann)

Grosch, Peter, Gerd Schuster, **Der Bio-Kost-Report,** München: 1985 (Verlag Biederstein)

Hegi, Gustav, **Illustrierte Flora von Mitteleuropa,** (Band 1–7), München: 1906–1931 (J.-F. Lehmanns-Verlag)

F. Keller, J. Lüthi, K. Röthlisberger, **100 Gemüse,** Zollikofen 1986, (Verlag LmZ Landwirtschaftliche Lehrmittel Zentrale)

Künzle, Johann, Kräuterpfarrer, **Das große Kräuterheilbuch,** Olten: 1945 (Verlag Otto Walter AG)

Studer, Däpp, Suter, **Vorratshaltung von Obst und Gemüse,** Stuttgart: 1983, (Eugen Ulmer Verlag)

Verband schweiz. Gemüseproduzenten (Hrg.). **Gemüse 1 × 1 der Schweiz,** Freiburg 1987 (Eigenverlag)

Zeitschriften/Tätigkeitsberichte/Richtlinien

Rundbrief für solidarische Entwicklung, Erklärung v. Bern, Zürich

Zum Beispiel. Hg. vom Forschungsinstitut der Schweizerischen Stiftung zur Förderung des biologischen Landbaus (Hrg.), Bernhardsberg, Oberwil (diverse Jahrgänge)

AGE-Bulletin, Aktion Gesünder essen, Zürich

Schweizerische Gemüseunion Zürich, **Richtlinien für den schweizerischen Gemüseanbau** (div. Jahrgänge)

Schweizerische Zentralstelle für Gemüsebau, Tätigkeitsberichte (versch. Jahrgänge), Koppigen